Andrea Friedmann - Das Lied der Göttin

Andrea Friedmann

Das Lied der Göttin

Eine Anleitung für einen ganz persönlichen Einweihungsweg in die weibliche Kraft der Gottheit

ENNSTHALER VERLAG - 4400 STEYR

www.ennsthaler.at

ISBN 3-85068-608-2

Ennsthaler Gesellschaft m.b.H. & Co KG, A-4400 Steyr
Satz und Druck: Ernst Denkmayr GmbH, A-4020 Linz

WIDMUNG

Ich widme das „Lied der Göttin" meiner Mutter und meinem Vater, die mir das Leben geschenkt haben und damit allen meinen Ahninnen und Ahnen. Sie waren es, die das Leben weitergegeben haben – ich nehme mein Leben dankbar und in Demut an. Sie waren es, die die Nahrung weitergegeben haben, die leibliche und die geistige – ich nehme die Nahrung dankbar und in Demut an. Ich ehre, achte und würdige all ihre Erfahrungen, ihre Kämpfe, die sie ausgefochten haben, ihre Schmerzen und Leiden und ihre Freuden und Glückseligkeiten.

Ich widme das „Lied der Göttin" meinen Töchtern und Söhnen, Enkelinnen und Enkeln. Ich widme das „Lied der Göttin" dem Mann, der mir geholfen hat, das Leben weiterzugeben und mit ihm allen Männern und Kindern dieser Erde.

Ich widme das „Lied der Göttin" allen Frauen, die jede einen kostbaren Teil der Göttin, der großen Mutter in sich tragen. Mögen sie es hören, singen und tun!

DANKSAGUNG

Ich danke meiner schamanischen Lehrerin, der Mutter Maria, die mich in meinem jetzigen Erdenleben von Anfang an beschützt und geführt hat und die mich langsam und immer mehr die Göttin in ihrer vielerlei Gestalt erfahren ließ.
Ich danke für ihre weise und sanfte, liebevolle und geduldige Führung und ich danke auch für ihre Beharrlichkeit und ihr Drängen ...

Im 11. Monat des Jahres 2002

Andrea Friedmann

Prolog 1

Anfang Februar 2002 – Die Zeit um Maria Lichtmess – in keltischen Zeiten das Fest zu Ehren Brigids – in katholischen Zeiten das letzte Fest des Weihnachtskreislaufes – früher, als ich ein Kind war, der Tag an dem die Kerzen am Christbaum ein letztes Mal angezündet wurden, die schönen alten Krippenlieder gesungen, die Krippe feierlich abgestaubt und weggeräumt und der dürre Baum in den Hof getragen wurde, ein Meer feiner brauner Nadeln hinterlassend. Plötzlich sah die Wohnung leer und ein wenig fremd aus – ein Hauch Abschied lag in der Luft, Traurigkeit, die ich als Kind nicht zu deuten wusste, aber auch erwartungsvolle Freude. Endlich durften wir die Faschingsgirlanden und Lampions herauskramen und aufhängen …

In diesen Bildern versuchte die Göttin schon in meine Kinderseele wesentliche Wahrheiten einzudrücken …

Mittlerweile bin ich 48 – schon vor einigen Jahren hatte ich das Gefühl, mein Leben gelebt zu haben – ich hatte studiert, geheiratet, Kinder bekommen und großgezogen, meinen Beruf als Lehrerin ausgeübt, der mir Spaß und Freude bereitet hatte, Bäume gepflanzt, ein Haus gekauft, Enkelkinder im Arm gehalten. Meine Aufgabe auf dieser Erde schien mir zum damaligen Zeitpunkt beendet – und doch war ich nicht erfüllt. Ich hätte sterben können und doch wusste ich, dass noch etwas Großes und Wesentliches auf mich wartete. Ich wusste, es ist nicht vorbei, dieses mein Leben auf dieser Erde – nein – es war im Begriff gerade erst zu beginnen. Also entschied ich mich dafür zu bleiben und meine eigentliche Aufgabe zu suchen, zu finden, anzunehmen und zu erfüllen. Übrigens musste ich mich seither sehr oft dafür entscheiden zu bleiben und mein Leben in Demut auf dieser Erde anzunehmen und meinen Auftrag auszuführen. Um wieviel leichter wäre es oft gewesen, einfach zu gehen, diese Erde zu verlassen und heimzukehren in meine Lichtheimat!

Aber nein – und das ist eine der wichtigsten Botschaften der Göttin – hier, hier auf dieser Erde, dort, wo ich gerade bin, mit den Menschen, mit denen ich gerade beisammen bin – ist der Weg zu gehen. Nicht abgehoben in irgendwelchen geistigen Sphären, nein, hier, hier, hier ist zu tun, zu handeln, zu singen, zu arbeiten!

Ich merke, um wieviel leichter es mir gefallen ist, das Lied der Göttin zu hören und mitzuschreiben, als jetzt die Knochenarbeit des „Auf die Erde bringens" zu leisten.

Und doch ist es wichtig, dass du liebe Leserin, lieber Leser erfährst, wie dieses Lied entstanden ist und wie es ganz konkret im Alltag – im jeweiligen Hier und Jetzt angewendet werden kann.

Vor eineinhalb Jahren saß ich in einem Seminar über Huna, die geistigen Gesetze und das Urwissen der Menschheit. Es war gerade die Rede von Heilwassern. Heilwassern, die vor allem an Orten der Marienverehrung geholt werden und deren bekanntestes wohl das Wasser der Lourdesquelle ist. Unser Lehrer sammelte diese Wasser und erwähnte dabei, dass ihm das Wasser aus Medugorje noch fehlt. In dem Moment wusste ich ganz klar und deutlich: Es ist meine Aufgabe dieses Wasser zu holen! Ich stupste meine Nachbarin: „Ich fahre und hole es!" Sie flüsterte: „Ich fahre mit dir – wann fahren wir?" – „Am Sonntag nach dem Seminar" – „Einverstanden" – und so geschah es.

Nachdem ich viel schamanisch arbeitete, wusste ich auch, dass dies viel, viel mehr als eine gewöhnliche Reise nach Medugorje sein würde – eine Reise auf zwei Ebenen – der physischen und der geistigen. Jede Reise muss ein klares Ziel, eine klare Absicht haben und alles, was nach Beginn der Reise geschieht, ist Teil der Antwort – das ist ehernes Gesetz bei schamanischen Reisen. Also legten wir ganz bewusst unser Ziel und unsere Absicht fest: Wir fahren nach Medugorje um Wasser aus dem Brunnen dort zu holen und da dies ein Marienwallfahrtsort ist, reisen wir zu Ehren der Göttin und sind offen für ihre Botschaft. Es war heiß an diesem 9. Juli 2000.

Sehr heiß und viele tausend Kilometer lagen vor uns. Aber schon nach der zweiten Kurve hielt mich ein Polizist an – ich war falsch abgebogen – er war ziemlich schroff: „Fahrzeugkontrolle, Führerschein bitte – was, nach Medugorje wollen Sie? Sie werden nicht weit kommen, wenn sie schon jetzt Verkehrszeichen missachten!" Irgendwie blieb ich sehr freundlich und lächelte charmant. Ich erzählte ihm, dass wir eine Wallfahrt dorthin machen wollten. Er wurde immer weicher, fast liebevoll und hörte mir interessiert zu. Er erzählte mir von seiner Frau, die krank war. Ich schenkte ihm ein Bild von der Mutter Gottes aus Maria Schutz. Er wünschte uns viel Glück auf der langen Reise und wir mussten nichts bezahlen. Er war also der Erste, der mitfuhr, um geheilt zu werden – – –

Wir waren noch nicht aus Wien heraußen, begann die Göttin zu reden – Christine übernahm nicht nur ihre Aufgabe als Beifahrerin, sondern von nun an auch die Rolle der Schreiberin. Auf die Idee, ein Diktiergerät mit mir zu tragen, kam ich erst später – das Lied hatte begonnen – – –

Es folgten in diesem Jahr noch drei weitere Reisen – nach Bali, nach Hawaii und die letzte in den Herbstferien nach Lourdes. Ich ging nun nie ohne das Tonbandgerät aus dem Haus oder zumindest nicht ohne Papier und Bleistift. An den möglichsten und unmöglichsten Orten sollte ab jetzt Ihr Lied in mir zu tönen beginnen. Sie antwortete plötzlich auf Fragen, die mich in meinem Inneren bewegten, auf Emotionen, auf Gedanken, die ich dachte, auf Zweifel, die sich in mir breitmachen wollten. Sie begann mich zu lehren und zu führen und ich ließ es Stück für Stück mehr zu. Sie zeigte mir, wie ich aus eingefahrenen Situationen, aus alten Mustern und Strukturen ausbrechen konnte. Ich musste es nur umsetzen, was ja bekanntlich nicht immer leicht ist – aber sie half mir auch, meine Bequemlichkeit zu überwinden, gab mir die Kraft durchzuhalten und neue Muster zu finden und zu leben. Wenn ich heute das Lied lese und mit ihm arbeite, sehe ich, wie bockig ich zuweilen gewesen sein muss, ja wie unverbesserlich ich mich zeitweise angestellt habe. Aber Sie ließ nie locker und manchmal hielt Sie es für not-

wendig, mir ordentlich den Kopf zu waschen. Vor allem, wenn ich in Selbstmitleid zu versinken drohte.
Ziemlich genau vor einem Jahr hörte die Göttin auf, in Liedform durch mich zu sprechen. Aber Sie hatte offensichtlich ein neues Projekt vor, und zeigte mir Schritt für Schritt ein Heilsystem mit Kristallen, Steinkreisen, Blüten, Bäumen, Metallen und Wassern, Essenzen und dazugehörenden Karten und Energiemustern. Seit einem Jahr arbeite ich an diesem Projekt – auch daraus entsteht ein Buch. Und es ist beinahe fertig.
Ich war bereit, mich von der Göttin führen zu lassen. Ich war bereit, die kleinsten Hinweise ernst zu nehmen, zu befolgen und umzusetzen. Ich war bereit, den Weg der Heilung zu gehen, den mir die Göttin wies, den Weg der Heilung meiner selbst, von Mutter Erde, von Landschaften, Wassern, Tieren, Pflanzen, Steinen und anderen Menschen. Ich war bereit, nach dem ersten und einzigen Hunagebot zu leben: **Verletze nie – Helfe immer – aber fange dabei bei dir selbst an!** Das hat mein Leben total und radikal verändert. Das hat mir geholfen, meine Aufgabe in diesem Leben – deretwegen ich diesmal inkarniert hatte, zu finden und zu erfüllen, voll Dankbarkeit und Freude.

Mit dem Lied der Göttin bekommst Du liebe Leserin, lieber Leser, ein Werkzeug in die Hand, eine Methode gezeigt, wie Du selbst, auf deine Weise den für dich richtigen Weg finden und gehen kannst:

<u>Praktische Anwendungs- und Umsetzungshinweise wie Du dieses Buch für Dich verwenden kannst:</u>

Es gibt absichtlich keine Stichwörterliste, in der Du nachschlagen kannst, wie zum Beispiel: „Traurigkeit“ – und es folgen Seitenangaben, wo überall etwas zu diesem Thema gesagt wurde – NEIN!
Du selbst bist es, der das Stichwort liefert. Du selbst bist es, der im Moment ein bestimmtes Gefühl, einen bestimmten Schmerz

verspürt, ein besonderes Anliegen am Herzen hat. Du selbst bringst die Frage, die Dich bewegt, Du selbst bist es, der eine klare Absicht hat: Göttin, bitte lehre mich, heile mich, hilf mir weiter, zeige mir wo und wie ich gehen kann.
Mit dieser ganz klaren Absicht und der konzentrierten Frage schlägst Du das Buch auf, auf irgendeiner Seite. Dein Unbewusstes, Dein inneres Kind weiß genau, welche Antwort Dir im Moment bei diesem bestimmten Problem, das Du formuliert hast, weiter hilft. Lies diese Seite genau – WORT FÜR WORT – und vertraue darauf, dass dies genau das ist, was Du im Moment in Deiner jetzigen Situation brauchst. Nimm es an, bewege es in Deinem Herzen, lass Dich berühren – vom Inhalt, vom Rhythmus, von der Schönheit oder der Strenge – es ist alles Teil der Antwort auf Deine Frage – vielleicht verstehst Du nicht sogleich – lass es wirken in Dir, einsickern in jede Faser Deines Körpers, Deiner Seele, Deines Geistes und Du wirst merken, dass Sie genau zu DIR spricht. Nimm ihre Liebe, ihren Trost, ihre Aufmunterung, ihr Lob, aber auch ihre drängende Ungeduld. Spüre ihre liebevolle Umarmung und wisse mit jedem Atemzug – Sie ist Dir nah, Sie ist in Dir und alles – wirklich alles, ist FÜR Dich, um Dich weiter zu bringen auf Deinem ureigensten Weg.
Natürlich kannst Du das Lied auch einfach nur so lesen Strophe für Strophe – dann lerne, es in Dir klingen zu lassen, achte auf das, was in Dir anklingt, wovon du Dich besonders berühren lässt. Gib diesen Gefühlen, die dann in Dir auftauchen nach, leb sie, lass Dich sein und halte nichts von Dir zurück. Überlass es der Göttin, die für Dich heilenden Worte zu sprechen.

Scheue Dich nicht, Antwort auf die alltäglichsten Fragen, die kleinsten Problemchen, die lästigsten Pflichten zu verlangen, die GÖTTIN gibt Dir zu jeder Zeit die Kraft, die Du gerade am dringendsten benötigst. Sie aktiviert und mobilisiert diese Kraft in Dir, denn in Wirklichkeit ist es Deine Kraft, die Du nicht zulässt, nicht lebst, unterdrückst. Sie löst die Blockaden, sodass Dir Deine ureigenste Kraft wieder zur Verfügung steht.

Schutz und Segen der Göttin
Weisheit und Kraft der Göttin
Führung und Gnade der Göttin
Licht und Liebe der Göttin
Sei mit Dir!
So sei es!
Danke!

Prolog 2

A: Na schön – ich geh ja schon, nehme Papier und Stift um zu schreiben, was du von mir willst. Du drängst mich wie eine Mutter ihr Kind, das seine Aufgaben nicht machen will, du verbannst mich an den Schreibtisch – und das mich – ich hab' ja nichts dagegen, wenn du zu jeder Tages und Nachtzeit mit mir redest aber gegen diese Verbindlichkeit hab' ich was – hinsetzen müssen, anfangen, schreiben – weißt du eigentlich, dass ich schlecht sehe?

G: Hör auf zu matschgern, tu endlich was ich dir sage, die Leute warten darauf, willst du sie warten lassen?

A: Ich hätte gern einen liebevolleren Ton, ich mag es, wenn jemand lieb und nett mit mir spricht – besonders dann, wenn er was von mir will.

G: Ach, die Zeit, einen liebevollen Ton mit dir anzuschlagen ist vorüber – kraftvoll sollst du schreiben, zum Hätscherln haben wir keine Zeit – es drängt, hörst du, es ist dringend, also tu!

Erzähl den Menschen deine Geschichte – unsere Geschichte, fang einfach an, frag nicht viel, überleg nicht viel, ich helfe dir schon, fang einfach an mit dem Stein, den du da in deiner Hand hältst.

A: Du hast vielleicht eine Vorstellung – hast du vergessen, dass ich eine kleine Volkschullehrerin bin und eben grad mal passable 4. Klasse–Aufsätze schreiben kann – und du willst ein Buch – was werden die Leute sagen?

G: Ach – und seit wann fragst du danach, was die Leute sagen werden, ich dachte, darüber wärst du längst hinaus – und überhaupt – was werden sie schon sagen – freuen werden sie sich, dass sie es lesen können und ihnen wer aus der Seele spricht.

Meine Botschaft ist einfach – sie ist für alle, und alle sol-

Anmerkung: A: Andrea / G: Göttin

len sie verstehen können, also wage nicht die Sache irgendwo kompliziert machen zu wollen. Schreib einfach – der Rest kommt von selbst.

A: Wenn du meinst, aber – wenn wir so anfangen, ist das nicht wie eine Fortsetzung der Walsh–Bücher – die kennst du doch – Gespräche mit Gott – da ist der Tonfall ähnlich, ganz ähnlich – willst du das? Soll ich – Gespräche mit der Göttin – führen, ist es das, was dir vorschwebt?

G: Du sollst keine Gespräche mit mir führen, Gespräche führt man mit jemandem, der außerhalb zu finden ist und ich bin in dir – wie oft soll ich dir das noch sagen – ich tauche in deinen Gedanken auf, in deinem Herzen, in deinen Worten. Ich tauche in jedem auf, wenn er mich lässt – das sollst du den Leuten beibringen – du bist eine verdammt gute Lehrerin, also streng dich ein bisschen an. Es geht um die Methode – die Methode, wie jeder einzelne mich in sich erfahren, spüren, fühlen, hören, sehen kann. Ich sage dir nichts von außen, auf mich kannst du keine Verantwortung abschieben – ich lehre dich, selbst verantwortlich zu sein und du gibst die Methode weiter sonst nichts.

A: – – –

G: Siehst du – jetzt sind deine Hände warm und du spürst schön langsam deine Kraft! Außerdem sollst du singen – du sollst mein Lied singen und trommeln – du schreibst das „Lied der Göttin"

A: Weißt du – es ist vollkommen okay für mich, das „Lied der Göttin" zu schreiben – es ist dein Lied – ich habe ihm nur zugehört und es Strophe für Strophe aufgeschrieben – das ist leicht – es ist aus mir geflossen und ich musste nur „nichts verhindern" – ich achtete, dass es fließen kann.

Ich habe sozusagen nur für das richtige Setting gesorgt, ich habe dir Zeit gegeben und in den verschiedensten Situationen einfach geschrieben. Übrigens danke ich dir dafür, dass du nie zu schnell geworden bist, du hast immer nur so rasch gesprochen …

G: nur so rasch bin ich aufgetaucht …

A: wie ich gerade noch mitkommen konnte! Danke.

G: Du musst beim richtigen Vokabular bleiben – ich bin in deinen Gedanken und Worten aufgetaucht, formuliert hast du.

A: Das ist mir zu hoch – ich habe dich in mir reden gehört

G: Ja – das ist richtig, so kannst du es ausdrücken – du hast mich in dir reden gehört – ja, so ähnlich kann man sich das vorstellen – vergiss nicht – ich bin du und wir beide sind eins! Du hältst noch immer den Stein aus dem Tempel. Fang jetzt endlich an, erzähl die Geschichte von diesem Stein.

A: In meiner Hand halte ich einen Lavastein, den ich aus einem Heiau – einem Tempel in Hawaii – auf der Insel Kauai mitgenommen habe – er ist schwarz und rot, er fühlt sich warm an, als wäre er noch gar nicht ganz erkaltet – eine enorme Kraft und Energie strahlt von ihm aus – eine starke weibliche Energie strahlt von dem ganzen Ort aus, auf dem dieser uralte Tempel errichtet ist. Sichtbar sind nur mehr die Grundmauern, die Tempelanlage selbst ist vor vielen, vielen Jahren geschliffen worden und den Hawaiianern ihre ureigentliche Religion verboten worden – aber hier hat etwas überlebt, die Zeiten des „Nichtverbundenseins“ überdauert, drängt nun danach, wahrgenommen zu werden. Ich spüre und höre in mir das nun schon gewohnte Drängen der Göttin – allerdings ist es verboten, die Anlage zu betreten – aus Achtung vor dem alten Glauben der Hawaiianer, dass dieser Ort eine heilige Stätte ist. Und ich weiß – ich muss da hinein – mitten auf den Platz wo die Energie am höchsten ist.

Ich muss also was Verbotenes tun und mich sehr exponieren und aussetzen. Ich will mich drücken davor – ich kann das nicht!

G: Du bist es wert, meine Priesterin zu sein – du bist es wert, meine geliebte Dienerin zu sein.
Siehst du, wir alle haben dir vergeben, nun musst du dir selbst vergeben und du musst es dir selbst wert sein – bist du das? Bist du bereit? Dann komm! Zieh deine Schuhe aus und komm zu mir, wie in den alten Zeiten – gerade und aufrecht! Von vorne komme auf mich zu – nicht auf Schleichwegen! Mutig, mit hoch erhobenem Haupt empfange die Weihe – Bist du bereit deinen alten, dir angestammten Platz einzunehmen? Bist du bereit?

A: Ja, ich bin bereit, schon lange , aber, dass ich die Dinge wirklich tun muss – daran habe ich nicht gedacht –
Also – bin ich es mir wert? – Habe ich den Mumm da vor all den anderen in die Mitte zu schreiten und eine Weihe zu empfangen, die nur ich sehe und wahrnehme? Ich klettere also auf die Tempelmauern – scheu und aufgewühlt, die Lavasteine fühlen sich heiß an, ich lass die Sandalen am Rand stehen und steige langsam über die Steine bis zum Weg, der genau in die Mitte führt – langsam schreite ich nun auf diese Mitte zu – längst ist dieser Tempel ein Tempel wie er einst war – ein Göttinnentempel und ich die Priesterin, die da aufs Heiligtum zugeht um die Weihe zu empfangen. Mein Körper erinnert sich an alte fließende Bewegungen mit den Händen und an bestimmte, wie Tanzschritte anmutende Gangmuster. Ich fühle mich getragen, aufgenommen leicht und mutig. Je weiter ich nach vorne komme, desto kraftvoller wird die Zeremonie.

G: Bist du bereit?

A: Ertönt es in mir – drängend aber voller Liebe. „Ich bin bereit"

G: Dann trinke – hier hast du einen Becher – komm, trinke daraus, drei Schluck für die Göttin.

A: Ich nehme den Becher und trinke drei Schluck für die Göttin. Ich muss dabei immer wieder sagen „Ich bin es wert, deine Priesterin zu sein, ich bin es mir selbst wert

und ich vergebe mir selbst." Das ist schwer, ich weiß nicht, wieso es so schwer ist, sich selbst zu vergeben. Sich selbst vermeintliche Fehler zu vergeben, die im großen Plan vielleicht gar keine Fehler waren, einzig allein ich selbst bin es, die daran festhält und sich deshalb schuldig und klein fühlt und daher schuldig und klein macht. Aber – ich bin bereit mit jeder Faser meines Körpers, meines Herzens und meines Denkens, ich bin bereit, mir selbst zu vergeben und aufzuhören mit diesem leidvollen Spiel, mich selbst klein zu machen. Ich stehe da, den Becher in den Händen, meine Füße machen Tanzschritte – ich tanze und singe und summe das Lied – Göttin Göttin...
Die Göttin nimmt den Becher an sich, sie dreht mich um – den Blick auf den Ausgang, sie weist mit der Hand und bedeutet mir zu gehen – zu gehen und meines Amtes zu walten. Arbeit wartet auf mich, ich soll sie tun. Ich kehre langsam zurück, zurück in die alltägliche Wirklichkeit einer Gruppenreise nach Hawaii mit Besichtigung alter Heiaus, nehme meine Schuhe in die eine und den Stein in die andere Hand, den ich im Gehen rasch aufgehoben habe, als sichtbares Zeichen dieser heiligen Handlung. Die anderen warten schon, aber das ist es nicht, was zählt, ich muss tun, was ich in mir als Auftrag wahrgenommen habe – gleich unterhalb ist eine andere Tempelstätte – hier wurden früher Menschenopfer dargebracht – blind erkenne ich den Platz – ich stelle mich hin und lasse die Göttin in mir und aus mir arbeiten – es sprüht aus meinen Händen, ich spüre die Liebe und das Licht durch mich durchströmen auf diesen Platz, die gebundenen Energien lösen sich und steigen auf.
Langsam wird die Kraft geringer und es beginnt zu regnen – die Arbeit ist getan, die leidenden Wesen, die hier gebunden waren, durften ins Licht steigen und sind nun angekommen.

In mir ist eine tiefe Zufriedenheit und Gerührtheit darüber, dass ich das tun darf.

G: Nur du selbst hast es dir verboten – du selbst bist es, die sich von mir abgeschnitten hat – du selbst kommst nun zurück – du bist willkommen und seit Äonen erwartet.

A: Ja, ich bin wirklich sehr berührt – ich fühle mich wirklich sehr willkommen und erwartet. Ich fühle die tiefe Freude und die Erfüllung, die diese Art der Arbeit mit sich bringt.

In mir tönt das Lied – ich setze mich in den Sand am Strand – die Wellen brechen sich schäumend am Riff – ich werde nassgespritzt und fühle mich eins mit allem um mich herum. Ergriffen höre ich den Wasserwellen zu, dem Meer, der See, der Göttin in mir!

G: Siehst du wohl, so einfach ist das – und jetzt erzähl ihnen wie es begonnen hat – Erzähl ihnen, wie ich das erste Mal in dir aufgetaucht bin – es war auch an einem Meer – erinnerst du dich noch?

A: – – –

G: Wieso ist dir das peinlich? Nur weil du mich nicht gleich erkannt hast? Ich habe nur meine Chance gewittert und ergriffen, so musst du das sehen! – Ich wollte dich erreichen, so lange habe ich es schon versucht – damals warst du mir ziemlich nahe – ja du warst dir selbst ziemlich nahe –

A: – – –

G: Es ist dir peinlich – weil du dir mich wieder ausreden ließest – das stimmt, du hast damals wieder einmal nicht deiner eigenen Intuition vertraut, deiner eigenen inneren Gewissheit, sondern hast äußere Autoritäten aufs Stockerl gestellt – aber du hast deinen Fehler erkannt und du hast bereut – oft genug – einmal wäre schon genug gewesen – wie lange willst du dich selbst denn noch dafür bestrafen, dass du etwas nicht gleich überrissen hast? Denk mal, wie du es bei deinen Schulkindern machst – du hast eine endlose Geduld und lässt sie aus ihren Fehlern lernen, du gibst ihnen die Sicherheit und den Raum, Fehler machen zu dürfen und so lernen zu dürfen, du ermutigst sie und lobst sie und baust sie auf. Und wieso glaubst du eigentlich, dass das bei mir anders sein könnte?

Oh du Kleingläubige – hör auf , dich selbst zu bestrafen. Schau nicht auf die Fehler, bleib nicht beim Nichtverstehen – lern daraus und blick nach vorne – dort bin ich! Außerdem ermutigst du die Menschen – sie wissen dann, dass auch sie aus ihren Fehlern lernen dürfen! Ich mag es, wenn Menschen aus ihren Fehlern lernen, das gibt ihnen Würde – ich mag würdevolle Menschen – weißt du das?!

A: – – –

G: Ich dachte, das mit dem Selbstwert hatten wir abgehakt. Wie lange willst du dich selbst für etwas züchtigen, das einzig und alleine in deinen Augen falsch war? Du weißt doch längst, dass du zu jeder Zeit selbst entscheiden kannst, was du willst – willst du Züchtigung, Strafe – bitte, dann nur weiter so! Es gibt kein geistiges Gesetz des Leidens aber es gibt ein geistiges Gesetz des freien Willens – wenn du also leiden willst, bitte dann leide…

A: Nein – hör auf damit! Ich will das Licht und die Freude! Manchmal überkommt mich die Unsicherheit und der Zweifel…

G: Nur, wenn du es zulässt – du lässt zu, dass Unsicherheit und Zweifel dich überkommen – natürlich tun sie es dann – prompt – das geistige Gesetz der Resonanz! Auch das kennst du mittlerweile gut! Also pass auf, was du denkst und welchen Energien du erlaubst in dir Platz zu finden – dich überkommt nichts von außen, nur was du denkst das wird dir im Außen gezeigt – damit du lernst! Entscheide dich! Unsicherheit und Zweifel? Oder Wertschätzung und inneres Wissen ? Du hast die Wahl!

A: Also schön – du hast mich überzeugt!

Wann ich dich das erste Mal bemerkte, soll ich erzählen

– beim Sandburgen bauen auf einem psychotherapeutischen Weiterbildungsseminar in Tunesien. Wir sollten Sandburgen bauen – uns selbst im Bild der Burg sichtbar machen. Ich versank in mich – der feuchte Sand – er fühlte sich gut an, ich ließ ihn zwischen den Fingern verrinnen, ich grub tiefe Gräben und hob ordentliche Mauern aus – ich baute mit Hingabe meine Burg. Muscheln und Strandlichtpflanzen als einzige Zierde – vier Aus-/Eingänge – in jede Richtung einer – dazu das Rauschen der Wellen – immer wieder und wieder – weißer Schaum – Krönchen – bis zu meinen Füßen – warum ich damals die Schuhe nicht auszog??
Dann – ich beginne zu tanzen in meiner Burg – scheu setze ich die ersten Schritte – unbeholfen und langsam – etwas in mir tanzt. Jemand – nicht von dieser Welt – drückt mir eine Trommel in die Hand – ich beginne auf dieser Trommel zu trommeln – etwas in mir erinnert sich – ich bin ganz berührt von dem, was da mit mir geschieht – in mir taucht eine Art Gebet auf – ein Göttinnengebet – eine uralte Melodie klingt …

Die Trainerin sagt, wir sollen einander unsere Burgen vorstellen. Nur wie durch einen Nebel höre ich die Worte. Da bin nur ich, das Meer, die Wellen, der Sand, das Stampfen in meiner Burg. Ich will nicht!! Niemand soll mich da weglotsen!
Die Anderen tun, was ihnen gesagt wurde – verstohlen blinzle ich hin, aber – warum tu ich das – warum bleibe ich nicht bei meiner herrlichen Burg? Aber nein – das kannst du nicht machen, Andrea! Was werden sie von dir denken? Widerwillig reiße ich mich los, halbherzig werfe ich einen Blick auf die anderen Burgen, mime Interesse. Es gelingt mir nicht – ich kann nicht etwas vortäuschen, was nicht da ist – konnte es nie – meine Ehrlichkeit hat mich viel Schmerzen gekostet – ich kann nicht so tun als ob! Hilflos werde ich und wütend und

zornig auf die Leiterin, die Anderen, auf mich – aber ich horche auf die andere Autorität, beschneide mich selbst und die Göttin und tue brav, was von mir verlangt war. Wider besseres Wissen tue ich das…

Dann lese ich ihnen zu allem Überdruss noch das Gebet vor – das wunderbare erste Göttinnengebet – sie nehmen mich nicht ernst – etwas in mir nimmt mich nicht ernst, nimmt die Göttin und ihren dringlichen Ruf nicht ernst – ich fühle mich schwach und betrogen. Die therapeutische Intervention der Leiterin – stell dich in die Mitte als Göttin – ich stell mich hin, spüre Frieden und Ruhe und Gelassenheit – ich lächle, die Anderen bedrängen mich ich soll was tun. Was tut eine Göttin? Sie ist. Ich spüre diese Wahrheit und die tiefe Liebe zu allen Geschöpfen – ich lasse sie – ich brauche nichts tun – das fühlt sich befreiend an. Aber wieder lasse ich mich verleiten, ich gebe dem Drängen der Anderen nach und „spiele Göttin". Damit habe ich Sie verraten und mich verraten – ich fühle etwas wie Gotteslästerung physisch – ich habe eine Wahrheit in mir verraten, abgewürgt …

Sommer 2000 – – – Es ist heiß – in Österreich, und das über Tage und Wochen – eine Seltenheit. Ich spüre den Impuls nach Medugorje zu fahren um dort Heilwasser zu holen – ich nehme den Impuls ernst – es ist keine normale Reise, keine normale Wallfahrt, die wir da vorhaben – ich höre auf meine Wahrnehmungen – habe gelernt, dass alles seine Bedeutung hat. Kaum sind wir abgereist, beginnt ein Gespräch – ein Dialog mit meiner Lehrerin, der Mutter Maria – sie beginnt eine Art Lied zu singen, in dessen Strophen sie lehrt, lehrt, lehrt, lehrt – ich höre fasziniert zu – so kraftvoll und stark sind ihre Anweisungen, so dringend und drängend ihre Aufforderungen. Das ist der Anfang des Liedes der Göttin. Mittlerweile sind viele viele Strophen durchgesungen

und das Lied selbst ist noch lang nicht zu Ende – der Auftrag aber klar, das weiterzugeben, was ich schon bekommen habe.
Lange Zeit denke ich, ich müsste irgend einen Kommentar dazu schreiben, eine Erklärung oder nähere Beschreibung bestimmter Situationen geben – doch dann ...

G: Was willst du dem Lied der Göttin hinzufügen – gib es weiter wie du es bekommen hast und behalte nichts für dich! Es ist für viele viele ...

A: So füge ich auch nichts hinzu, lasse nicht ein einziges Wort weg, sondern gebe es weiter in Licht, Liebe und Weisheit – öffnet eure Herzen und nehmt und singt!

Andrea Friedmann

G: Andrea, gib meine Botschaft den Menschen –
Die Strophen des Liedes, empfangen auf den
verschiedenen Reisen, sie gehören zu den Menschen,
gib sie ihnen, trödle nicht herum!
Wir finden kurze, klare verbindende Worte –
Ein roter Faden durch das Lied – das andere
schreib später, das Lied gib gleich!
Wart nicht noch länger! Du bist geschützt
und behütet, folg deinem Traum, leb deine
Vision, klar und stark! Dreh dich nicht um!
Halt das Alte nicht fest – längst bist du entschlossen,
jetzt komm!

Tunesien – das Meer – der Strand – hier bist
du das erste Mal offen für meine Stimme –
du hörst mich, bemerkst mich und
schreibst – dafür danke ich dir!

Das erste Göttinnengebet

Muttergöttin
große Muttergöttin
Dein Geheimnis ist
Stirb und Werde
Werde und Vergehe
immer da gewesen
in alle Ewigkeit werdend
große Muttergöttin
Muttergöttin

Uralt
uralt und weise
bergend und fordernd
Alles hat seinen Preis
Geben und Nehmen
Getragen in der Gewissheit
In welcher?
Ich tue – jetzt –
Die einzige Gewissheit
liegt im Tun –
In welchem Tun?
Tun im Einklang mit mir, mit der Göttin

Wenn du zu mir kommst
kommst du nicht umhin
etwas von diesem Sein
vom Werden und Vergehen
zu erfahren –
Bring eine Muschel mit –
vom Eingang –
leg eine in die Mitte und
eine leg zum Ausgang –
Den Rest magst du mitnehmen

G: 3 Jahre dauert es, bis du dir deines
Auftrags bewusst wirst –
Endlich kann ich sprechen durch dich!
Endlich hast du mich gerufen!

Anrufung *

Göttin in Gestalt der Jungfrau
in Gestalt der fruchtbaren, reifen Frau
in Gestalt der weisen Alten
Göttliche Schöpferin
Mutter allen Lebens
Bitte sei bei uns in Licht und Liebe
Ich lasse diese Opfergaben als Zeichen meiner
Dankbarkeit und als Versprechen zurück.
Lass uns immer miteinander verbunden sein, damit
unsere Zusammenkunft fortdauern möge, so wie es von
Anbeginn her gedacht war und immer sein sollte.
Möge dein Bewusstsein mit unserem Bewusstsein
verbunden sein und mögen wir immer durch die
Erfahrung deiner Kraft und Liebe wachsen und lernen.
Mögen wir wachsen, wie du wächst,
heilen, wie du heilst,
wissen wie du weißt.
Mögen wir dein Bewusstsein in unserem Geist haben,
wo immer wir auch sind.
Mögen wir beide eins sein!

DANKE **DANKE** **DANKE**

* *Zitiert aus:* *Edwin Courtenay:*
Rituale und Gebete der aufgestiegenen Meister
S. 116

G: Ich bin Weisheit
Ich bin Licht
Ich bin Liebe
Ich bin beides – Mann und Frau
Wahrheit und Freude

Ich bin der Fluss, der Fluss des Lebens
Ich bin Fruchtbarkeit und Zerstörung
Ich bin Schutz und Kraft
Ich bin die Gischt und der Tau
Blicke in den Tautropfen des Frauenmantels
Sieh mich in Gestalt der Mutter Maria
Sieh mein Gesicht im Spiegel des Tautropfens
Sieh meine Augen
Sieh dein Gesicht
Sieh deine Augen – – – ich bin du
Wir sind eins
Ich bin in dir und du bist nie getrennt von mir
So sieh in deine Augen und geh hin
Geh hin und handle, wie ich handeln würde
Verleugne nie wieder etwas von dir
Du würdest mich verleugnen
Halte nie wieder etwas von dir zurück
Du würdest mich zurückhalten

Lass Licht, Liebe, Freude und Wahrheit
Durch dich fließen und strahlen
Ich segne dich, geliebtes Kind
Geh hin und segne du die anderen
Ihr seid alle meine geliebten Kinder
Ich bin eure Mutter
Wir sind alle eins
Wir sind alle eins
Wir sind alle eins

In den alten Zeiten ist genug gewebt, gezaubert,
Verschleiert worden. Magische Schwerter und Scheiden,
Gürtel und Schilde konnten beides anrichten –
Heil und Unheil
Wohl und Wehe
Schutz und Vernichtung.

Jetzt ist die Zeit reif für Wahrheit, Licht, Liebe,
Schönheit, Freiheit, Stärke, Mut und Demut, Güte,
Frieden, Harmonie, Zärtlichkeit und Fülle – aus dieser
und der Anderswelt
Gemeinsam – Hand in Hand offen einander gebend,
wie es von Anbeginn her gedacht war – schreiten die Welten.
Avalon ist in uns wir sind alle eins.
Mögen die Apfelbäume blühen, blühen, blühen – und
und reiche Frucht tragen.

A: *Die Reise ins ehemalige Jugoslawien*
Die Reise nach Medugorje – ich mache mich auf,
Heilwasser zu holen
Es ist heiß, es ist Sommer
Ich fahre durch flimmernde Hitze und
lausche auf die Worte der Göttin – – –

G: Grüne Hügel – der Herr ist mein Hirte –
Du schreib das Lied der Göttin!
Ich bin der Regen in den dunklen schwarzen Wolken,
Der die Erde tränkt und fruchtbar macht
Ich bin das Blau des Himmels,
Das heilende Grün der Bäume und Wiesen
Ich bin die Fruchtbarkeit der Felder
Und die Reife der Ähren
Ich bin das abgeerntete Feld und die Scholle
Sieh mich in der Mutter Erde.
Sieh die Verletzungen der Erde:

Der Tunnel durch den Berg,
Das breite Band der Straße,
Die Betonpfeiler der Brücken.
Sieh mich im Dunst über der Landschaft,
Wolkenschleier über den Bergen.
Sieh mich im geduldigen Warten und
Annehmen der Bäume.
Strecke mir deine Arme entgegen,
So wie sie es tun!
Voll Vertrauen!
Sei getrost, ich halte dich,
Geliebtes Kind.

Sich mich im Verfolgen deines Weges – gradlinig
Sieh mich in den weidenden Schafen
Genügsam fressen sie mein Gras und sind zufrieden.
Sieh mich im Finden des rechten Wortes!
Riech mich in der würzigen Landschaft
Spüre wie deine Lungen sich füllen
Atme mich ein – tief und ganz
Füll dich voll mit dieser Luft
Spüre die Fülle, die Fülle in deinen Lungen
Und die Fülle in deinem Herzen
Fühle den Frieden und meine schützende Hand.

Du holst das Wasser des Lebens
Der Weg ist lang und weit
Ich bin bei dir
Fühle meine Gegenwart
Du tust es für dich und viele
Ich bin bei dir, ich bin bei dir
Ich spüre mich in dir
Du leihst mir deinen Körper
Damit ich tun kann, was die Menschheit braucht.
Was zweifelst du?
Damit verletzt du dich und mich

Auf diesem Weg gibt es kein Zurück!
Wir beide sind eins
Du musst tun, was wir tun müssen.
Bring mich zu den Menschen
Bring mich in die Menschen
Ich kann nur wirken, wenn ich in euch bin.
Du musst dafür sorgen, dass die Menschen
Mich in ihren Herzen erkennen.
Du musst es kraftvoll tun und
Darfst dich vor nichts drücken!

Siehst du das Kind da oben?
Das Kind ist es, das weiß
Lass dich von diesem Kind führen
Nimm es bei der Hand
Lass dich führen voll Vertrauen
Das Kind weiß den Weg
Es ist in dir und du weißt den Weg
Geh ihn Schritt für Schritt
Lass keinen Schritt aus!
Am Anfang ist es anstrengend
Es wird leichter von Schritt zu Schritt
Es wird leichter und verliert die Schwere

Du weißt, dass es so ist!
Vertrau, vertrau, vertrau!
Du hast es erlebt
Jetzt geh hin und sag es den anderen.
Du findest das rechte Wort
Mit mir und dem Kind
Kein Zweifel darf dein Herz berühren
Schieb die Schatten des Zweifels von deinem Herzen
Es ist eilig und dringend
Worauf wartest du noch?
Geh zu den Menschen und rede über uns
Du weißt, wie wirklich wir sind

Du hast unsere Wirklichkeit wahrgenommen
Und gesehen
Wer sonst sollte es tun, als du?
Drum zweifle nicht, du dumme Nudel
Siehst du, jetzt lachst du endlich!
Hör auf so ein Gesicht zu ziehen
Was sollen sich die Leute dabei denken?
Du musst strahlen!
Mach deine Augen auf
Wisch dir den Schlaf aus den Augen
Schau dich um – beginn mich zu sehen!

Ich bin die Wolken
Ich bin die Leichtigkeit oder der Schmerz
Es kommt auf die Betrachtungsweise an
Willst du Schmerz, dann leide.
Willst du Leichtigkeit, lass los und lache!
Such das Lustige in deiner Umgebung
Hör auf mit dem Ernst, der bringt uns nicht weiter!
Lustig, lustvoll, spaßig und voll Freude
So soll dein Gebet sein!

Du hast Kraft in der Reise
Du hast Freude in der Arbeit
Bleib in dieser Dimension
Sonst bist du müde und erschöpft
und du siehst, was passiert
Du verirrst dich
Gehst ein Stück in die falsche Richtung
Musst umdrehen (Gott sei Dank merkst du es gleich)
Und zurück auf den richtigen Weg
Jetzt pass aber besser auf!

Sieh den Drachen
Auch er ist schön und vollkommen
Sieh seine Schönheit und achte seine Vollkommenheit
So wird er dich nicht berühren
Sieh mich auch in der Gestalt des Drachens
Ich bin in allem
Du kannst mich von nichts trennen
Achte und respektiere die dunklen Mächte
Sie erfüllen eine wichtige Aufgabe
Sieh sie und achte sie
Aber verliere dich nicht in ihnen
Viele wollen ans Licht
Hilf ihnen ans Licht
Tu es, Du kannst es, wer sonst sollte es tun?
Das hab ich dir schon so oft gesagt –
Jetzt glaub es endlich!
Du weißt, dass ich dir immer helfe
Also versuch dich nicht davor zu drücken
Vergiss deine Einwände
Du tust das Not – wendige, sonst nichts!

Spürst du deinen Fuß?
Achte auf deinen Körper!
Geh achtsam mit unserem Tempel um
Schließlich muss ich auch darin wohnen
Du musst dich richtig ernähren
Du musst das Brot nicht essen,
Aber halt es in der Hand
Achte auf das, was du in der Hand hältst
Achte es und sei dankbar
Es verliert seine Form um dich zu nähren
Segne dein Essen!
Wisse, dass es von mir kommt!
Du sollst Licht essen und
Gespräche mit der Göttin führen.

Schau um dich!
Sieh mich in der Buntheit des Grases
Und der Fülle des Maisfeldes.
Übrigens war es ganz leicht,
Über die Grenze zu kommen!
Zahl, was zu zahlen ist,
Aber vergiss nie,
Dass ich in dir bin!

Siehst du den Mond am lichten Abendhimmel?
Früher haben mich die Menschen
Im Mond verehrt
Nun kommen die dunklen Engel,
Die Engel der Nacht
Es hat eine Zeit gegeben,
Da hat man mich auch
Die dunkle Mutter genannt
Ich bin die dunkle Mutter!
Fahr in die Nacht, fahr in die Dunkelheit
Und fürchte nichts,
Denn ich bin in dir
Wir sind eins
Noch siehst du im Rückspiegel
Das Licht der untergehenden Sonne
Goldgelb, orange, kräftig und stark
Durchbricht es das Dunkel der Wolken
Fahr getrost ins Dunkel der Nacht
Ich breite schützend meine Hände
Über dich, geliebtes Kind
Du bist mutig und stark
Vertrau darauf!

Stoß dich nicht an der stinkenden Scheiße
Auch sie düngt meine Felder
Freu dich an der Lieblichkeit der Landschaft
Freu dich an meiner Lieblichkeit
Freu dich an der Lieblichkeit in dir

Freu dich, dass jemand neben dir sitzt
Und sich mit dir freut
Freu dich, dass es jemanden gibt,
Der dich spüren kann
Du bist nicht allein
Die Zeit der Einsamkeit ist vorüber
Danke mir für alle Menschen,
Die ich dir über den Weg schicke
Und vergiss nie
Ich bin auch die dunkle Seite des Mondes!

Ihr bemerkt, dass es hier früher dunkel wird
Ihr fahrt in ein dunkles Land
Ihr fahrt in ein finsteres Land
Doch mein Licht leuchtet überall
Ich bin die große Mutter
Gerade in diesem Land
Seht die Schönheit der Dunkelheit
Seht die Schönheit dieses dunklen Landes
Seid achtsam und gewahrsam
Hier ist nichts selbstverständlich
Achtet die Gesetze der Dunkelheit
Hier müsst ihr um alles bitten
Achte die Geister der Dunkelheit
Der Delphin und der Adler wachen über dich
Und eine Fledermaus kann im Dunklen sehen
Alles hat eine Bedeutung
Sieh die Bedeutung in allem, was dir begegnet
Was du siehst, hörst, riechst
Alles ist gespickt voll
Mit Informationen für dich
Jede ist bedeutsam, versteh die Bedeutsamkeit
Nimm sie auf in dein Herz, alles hat Größe
Jeder Pfurz hat Größe!

Ja, schau dir den Friedhof an
In diesem Land zünden die Menschen
Für ihre Toten die Kerzen an – mitten im Sommer!
Bei euch brennen sie nur zu Allerheiligen
Ihr müsst die Toten achten
Ich bin die Mutter der Toten
Ich bin die Herrscherin im Reich der Toten
Wieso zweifelst du?
Wenn ich in allem bin,
Wieso dann nicht auch dort?
Trenne mich nie wieder von etwas!
Schau mir ins Gesicht
Schau ins Antlitz des Todes
Du bist mutig und furchtlos!
So sei es!
Spüre den Frieden im Angesicht des Todes
Spüre meine sanfte Berührung und
Meine kühlen Augen
Lass mich dein Herz berühren
Lass dein Herz von der dunklen Mutter berühren
Sieh mich in der weisen Alten
Du kennst mich gut

Viel Blut ist in diesem Land geflossen
Sieh es als Opfer für mich
Verurteile nie die Schlachten anderer
Alles hat seinen Sinn
Achte die Tapferkeit dieser Männer,
Die Tapferkeit dieser Frauen und Kinder
Führe die hängengebliebenen Seelen ins Licht
Erinnere dich an den Wolf, die rote Rose
Der Wolf wird dir helfen, die Rose und ich
Durchlebe die Finsternis
Durchwache die Nacht

Sieh das Licht am Ende des Tunnels
Sieh die Schönheit des neuen Tages
Am Ende der Nacht
Sieh das Meer, begrüße die Sonne
Sieh die Göttin im Meer
Sieh die Göttin in allen Meeren
Steig ins Wasser und lass mich deine Füße umspülen
Nach der Nacht kommst du in einem anderen Land an
Lass die müde Finsternis hinter dir

Blicke in den neuen Tag!
Freu dich am blühenden Oleander
An den Zypressen, am felsigen Strand
Freu dich an der Morgensonne,
Die die Bergspitzen küsst
Du solltest die Freude durch die Finsternis tragen
Sei ehrlich!
Hast du das getan?

Du sollst mich nicht im Außen suchen
Und anglotzen
Du sollst mich in deinem Inneren spüren
Ich bin du
Wie oft soll ich dir das noch sagen
Streu die Blüten draußen aus
Wo sie lebendige Frucht bringen können
Schau, wie sie mich herstellen und schmücken
Wie eine aufgebahrte Tote
Schenkt die Blüten einander
Stellt sie nicht auf eine Gipsfigur
Was starrst du mich so an?
Hast du auf eine Erscheinung gewartet?
Im Ernst!?

Was starrst du auf den Schatten hinter mir?
Ja, der ist da

Hast du das nicht gewusst?
Ich bin auch im Schatten
Ich bin der Schatten
Fühle die Kühle des Schattens in der Hitze
Spüre dem Schatten nach
Fühle das Moos, das nur dort wachsen kann
Spring über deinen Schatten!
Tu es, du kannst es!
Na los!
Spring schon!

Ja, meine Kirche hier ist hell und freundlich
Glaubst du, ich suche mir ein dunkles Haus
Um darin Wohnung zu nehmen?
Wie sieht es aus in deinem Haus?
Wo ist noch Dunkles?
Komm, raus damit!
Es blockiert dich und mich
Ja, wir wollen ins Licht,
Obwohl wir auch der Schatten sind
Verstehst du das?

Wir sind beides
Licht und Schatten
Hell und Dunkel
Der neue Tag und die finstere Nacht
Begreif das endlich!
Und nun raus in die Sonne
Leb dein Leben
Leb dein Leben mit mir in dir freudig
Du hast nie mehr Grund, traurig zu sein
Wenn du es bist, verletzt du dich und mich
Also, was hockst du noch da rum und zweifelst?
Das Wunder ist geschehen – in Dir!
Also steh auf und trag mich raus
Dorthin, wo ich hingehöre

Ich will arbeiten, nicht rumstehen!
Warum willst du dich von jemandem verabschieden,
Der in dir ist?
So tief sitzen die alten Muster und Zweifel?
Na komm!
Lass sie dir rausnehmen
Aus deinem Herzen
Und geh!

Sieh die Schönheit und Würde
In den Gesichtern der Menschen
Sie alle suchen mich
Sag ihnen, wo ich wirklich zu finden bin!
Die Botschaft ist:
Ich möchte nicht als Statue hier stehen
Und verehrt werden
Ich möchte, dass ihr mich in euch verehrt!
Ich bin das starke, kraftvolle Weib
Ich bin die Gletscherfrau
Ich will vor der Kirche stehen
Und eine flammende Rede halten
Ich will laut singen und tanzen
Lass mich leben in Dir!

Drück mich aus
Aber so, wie es dir entspricht
Sieh, wie verschieden die Menschen sind
Du musst viele verschiedene Wege finden
Mich ihnen nahzubringen
Du musst mich ihnen
Mit ihren Worten erklären
Ich bin bei dir alle Tage, jetzt und in der Stunde
Deines Todes Amen

Siehst du, jetzt erkennst du mich wieder
Meine linke Hand empfängt
Meine rechte ruht am Herzen
Das ist deine Haltung
Demütig empfangen, was kommt
Und annehmen im Herzen
Ich bin der Teil, der dich heilt
Komm, und jetzt werd mal still –
Halt inne –
Geh nochmal zum Wasser und
Trink, trink, trink –
Trink mich in dich
Lass mich all deine Blockaden fortspülen
Der Bettler, der alte Mann will was –
Warum gibst du ihm keine Blüten?
Er will nur Geld? Na und?
Gib freigiebig von deinen Blüten!
Und jetzt setz deinen Sonnenhut auf
Sonst kriegst du einen Sonnenstich –
Dir muss ich aber auch alles sagen!
Ist schon recht!

Sieh den Hund, der hinkt –
Du willst ihn fortschicken?
Warum willst du Unterschiede machen?
Er braucht deine – unsere Hilfe
Du kannst es – er spürt das
Deshalb folgt er dir nach!
Na – leg ihm schon die Hände auf!
Du tust es
Er lässt es sich dankbar gefallen
Und legt sich dann dir zu Füßen
Und du?
Du hast Angst vor ihm gehabt
Wolltest ihn fortschicken
Glaubtest, er wollte dich beißen

Du hast noch viel zu lernen!
Merk dir eins – mach nie Unterschiede!
Ja – diese Energie ist für dich gut
du bist im Einklang mit ihr
Du musst nicht laut reden, singen, tanzen
Aber du musst verstehen:
Das bin auch ich!
Achte die Menschen, die in die Kirche gehen –
Aber du bleib draußen, geliebtes Kind!

Es gibt niemals
Ein entweder – oder
Nur ein sowohl – als auch
Beides, beides, beides!

Sitz doch mal eine Weile
In dieser Haltung
Sieh es an, was dir gegeben wird –
Nimm es an –
Nimm es auf in dein Herz!
Jeder bekommt das,
Was für ihn heilsam ist!
Der Schlüssel zur Heilung
Liegt im Annehmen dieser Haltung!

Trommle auf der Straße der Kraft
Liebe, Kraft und Zärtlichkeit für dieses Land
Liebe, Kraft und Zärtlichkeit für die Göttin
Liebe, Kraft und Zärtlichkeit mit der Göttin
Weiße Adlervögel fliegen zu euch hinauf
Sie tragen den Klang weit, weit hinauf
Du wolltest fliegen, Andrea – so flieg!
Breit deine Flügel aus und flieg!

Ganz zart über euch die Sichel des Mondes –
Vorbote der kommenden Nacht –
Was kann sie euch noch anhaben –
Wo ihr das Licht im Herzen tragt?

Sieh mich in der Abendröte der sinkenden Sonne
Sieh mich im Scheiden des Tages
Hab Dank für deine Bereitschaft
Hab Dank für dein Durchhaltevermögen
Pass gut auf,
Auf den kleinen rosa Engel der Freude
In deinem Herzen!
Hüte und beschütze ihn!
Umhülle ihn mit deiner Zärtlichkeit!
Trag die Geschenke dieses Tages
In deinem Herzen
Das Meer, die Berge, die Wolken,
Das Feuer und die Tiere,
Die Menschen und das Land –
Trag mich in deinem Herzen!
Ich bin deine Mutter

Ich bin aber auch das Leid
Manche finden mich im Leid
Verurteile nie das Leid anderer
Achte die Erfahrungen der anderen
Achte die Wege der anderen
Aber erzähle ihnen
Von den Wegen der Freude und Liebe
Die Freude löst den Schmerz
Trage die Freude durch den Schmerz hindurch
Freude ist größer, als der Schmerz
Freude! Hörst du!
Lass dich leiten von der Freude
Am Scheideweg such nach dem Weg,
Wo die Freude ist

Den anderen achte als die andere Möglichkeit
Du aber geh den Weg mit Freude
Du musst die Schritte tun
Sie sind wichtig für alle!

Du bist mein geliebtes Kind
Ich segne dich und umarme dich
Geh hin und segne du die anderen
Du bist meine gleichberechtigte Partnerin
Wir beide sind eins

Sieh mich in den Schatten der Dämmerung
Sieh mich in den Gestalten des Zwielichts
Schenk ihnen deine Liebe und Achtung
Verbinde die Welten,
Die seit Avalon auseinandertriften
Verhilf der Göttin zu neuer Kraft
Webe und verbinde im Licht
Die Zeit ist reif dafür,
Dass die Welten wieder zueinanderkommen
Alles Getrenntsein ist Illusion
Du weißt um die Wirklichkeit beider Welten
Lehre die Menschen
Lehre sie ohne den Funken eines Zweifels
Zünde mein Licht in der Welt wieder an
Ich bin die Göttin in Dir

A: *Von nun an spricht die Göttin fast pausenlos sobald ich ins Auto steige. Ich fahre dahin auf Österreichs Straßen und schreibe auf, was Sie zu sagen hat.*
Oft nimmt Sie Bezug auf die Reise nach Medugorje, erhellt die Details, lenkt das Augenmerk auf scheinbar Verborgenes Sie spricht eindringlich, Sie will gehört sein – endlich – – –

G: Sieh mich im Schnee des Sommers
Sieh mich in den aufsteigenden Nebeln
Sieh mich im Glanz der Wassertropfen
Hängend am Gras nach dem Regen
Schwer beugt der Tropfen
Den wiegenden Grashalm
Sieh meine Größe in allem
Sieh deine eigene Größe
Warum scheust du dich so?
Nimm unsere Größe wahr
Überall – in allem was um dich ist
Unabhängig vom Ort
Unabhängig von der Zeit
Nimm die Freude in deinem Herzen wahr
Nimm mich wahr
in der Freude deines Herzens
Und alles wird leicht
Du bist mein geliebtes Kind
Ich bin immer bei dir
Ich bin in dir
Wir sind nie getrennt
Ich liebe dich so sehr
Geh hin und liebe du die anderen

Halte dein Herz offen
Weit offen für meine Liebe
Weit offen für die Not der anderen
Heile sie mit meiner Liebe und Freude
Heile sie mit deiner Liebe und Freude
Gib unsere Liebe weiter
Sei gesegnet, du mein süßes Wesen
Ich bin gerührt von deinem Vertrauen

Sieh mich in den ruhenden Kühen
Vertrauensvoll verdauen sie ihre Nahrung
Zweimal fressen sie das Gras meiner Weide

Viermal verdauen sie, was ich ihnen gebe
Mach es wie sie
Iss, was ich dir gebe, dort wo du bist
Setz dich in Ruhe hin und kaue noch einmal
Was ich dir gegeben habe
Schmecke jedem Bissen nach
Verdaue alle meine Worte
Deine Reise ist nicht zu Ende
Sie hat gerade erst begonnen
Und schon bist du überwältigt

Sei offen und bereit
Für das, was ich dir noch geben werde
Mein innigst geliebtes Wesen
Schreib die Strophen dieses Liedes
Es sind noch viele
Sei bereit, ich freue mich über dich
Meine Freude ist so groß
Dass sie keine Worte hat

Erblicke mich im versteckten Wasserfall
Entdecke meine Größe in allem
Entdecke deine Größe in allem
Verbanne alle Zweifel aus deinem Herzen
Danke mir für alles
Vergiss nie, zu danken
Der Dank ist eine machtvolle Größe
Im Dank liegt Größe

Manche Menschen triffst du erst dann
Wenn du aufgehört hast
Für dich selber zu arbeiten
Wenn du bereit bist
Über die Grenzen deines Körpers zu gehen
Sie heilen deine Wunden,
Die du im Aufgeben davonträgst

Sie stärken dich,
Wenn du glaubst, am Ende zu sein
Du bist nie am Ende
Es gibt keine Grenzen
Du bist machtvoll und stark
Sie halten dich bei der Stange,
Wenn du auf meinen Wegen wandelst
Sie geben dir Trost und Halt
Sie lehren dich, mir zu vertrauen
Sie lehren dich, dir selbst zu vertrauen
In der Stille und Ruhe deines Herzens
Danke ihnen
Danke mir
Danke dir selbst dafür,
Dass du bereit bist.

Achte auf die Menschen,
Die ich dir schicke
Sie sind Botschaften für dich
Sie haben dir alle was zu sagen
Sie alle lehren dich
Sei du Lehrerin für sie
Gib, gib, gib!
Halte nie etwas zurück – Hörst du?
Alles ist bedeutsam!
Entschlüssle die Bedeutungen
Erkläre sie den Menschen
Die Bedeutung ist wichtig
Sie ist der Schlüssel
Der Schlüssel zum nächsten Schritt
Auf den ureigenen Wegen
Zum ureigenen Wesen
Deines wahrhaftigen Seins

Jedes Wort ist bedeutsam!
Achte auf deine Worte!

Dein Wort hat Gewicht – weißt du noch?
Du erinnerst dich an die Reise,
Aber du erfasst noch nicht die Wirklichkeit.

Lebe die Wirklichkeit dieser Reise
Dein Wort hat Gewicht
Verlass dich darauf, du wirst gehört
Dein Wort wird gehört und erwogen
Große Macht liegt in dem, was du sagst
Drum achte auf deine Worte!
Lass dich leiten von der Liebe
Und Freude in deinem Herzen
Und bleib dabei!
Lass dich nicht runterziehen
Dein Wort wirkt subkutan – verstehst du?
Es geht unter die Haut!
Wisse, dass es so ist, mein geliebtes Wesen!
Hab Dank, dass du mich hörst
Sogar im Wartezimmer des Zahnarztes
Auch er ist ein Engel,
Den ich dir geschickt hab
Sag es ihm! Danke ihm!
Höre auf mein Wort in dir
Auch im größten Schmerz
Ich bin immer in dir
Ich halte dich, ich berühre dich
Dir soll kein Leid geschehen!

Du hältst Brot in deinen Händen –
Nimm die Nahrung über deine Hände auf
Gib das Pendel weg
Lerne ohne Pendel zu gehen
Du wirst wissen – vertrau!
Die Nahrung wird dich sättigen
Aber sei niemals satt
Ich sage es dir noch einmal

Auf meinen Wegen gibt es keine Pausen
Es geht immer weiter!
Also ruh dich aus und geh weiter
Das ist kein Widerspruch
Ruh dich aus in mir
Die Ruhe ist ein Schritt auf dem Weg
Du musst die Ruhe achten
Du musst die aktive Seite der Ruhe sehen
Ruh dich aus
Und dann geh weiter!
Ich brauche dich
Kräftig und stark!

Warum rennst du weg
Sobald jemand dich sieht?
Du trommelst Kraft, Liebe, Zärtlichkeit
Für die Menschen und das Land
Die Menschen sollen dich sehen
Ich will, dass die Menschen
Dich sehen und dir zuhören
Alle sollen es hören!
Trommle mein Lied!
Singe meine Lieder!
Tanze mein Lied!
Drum renn nicht weg – bleib standhaft!
Trommle im Bewusstsein
Deiner Kraft und Größe
Trommle mitten im größten Dreck
Im Angesicht meiner Schönheit und Größe
Ich bin die Göttin!
Hebe diesen Stein gut auf
Er soll dich mahnen und standhaft machen
Er ist der Engel der Standhaftigkeit.

Halte nie den Ausdruck deiner Freude zurück
Schäme dich nicht,
Wenn du deine Freude ausdrückst
Alle sollen es sehen!
Du erlaubst dir, deine Freude auszudrücken
Wofür schämst du dich also?
Lass alle Zweifel hinter dir
Sieh die weißen Adler,
Wie sie sich langsam höherschrauben
Getragen durch mich
Ich bin die Lüfte,
In die sie sich erheben
Ich bin die schwindelnde Höhe,
In die sie sich aufschwingen
Tu es wie sie
Flieg, flieg, flieg!
Mach es langsam, erhaben und fließend
Schwing dich auf in schwindelnde Höhen
Blick nicht zurück!
Die Vergangenheit würde dich halten
Durchtrenne die letzten Fäden
Und flieg!

Folge dem natürlichen Weg
Die Pfade der Göttin sind verschlungen
Nicht grad und direkt
Angeschmiegt an die natürlichen Gegebenheiten
Wie die Straßen in diesem Land
Wirksam führen sie dich ans Ziel
Verlässt du die natürlichen Pfade,
Zerkratzen Dornen dein Gesicht
Und scharfe Steine verletzen deinen Fuß
Also folg den natürlichen Pfaden
Nimm keine Abkürzungen
Auch wenn du das Meer schon glänzen siehst
Und die Wellen am Strand sich brechen hörst

Im Gehen des Weges liegt die Kraft
Das Erreichen des Ziels ist die Krönung
Wie willst du Königin sein
Ehe du mir nicht gedient hast
Diene mir
Im Verfolgen der verschlungenen Pfade!
Diene mir
Im Auffinden der natürlichen Spuren!

Nimm die anderen mit und führe sie
Nicht alle haben so einen Spürsinn wie du
Schärfe deinen Spürsinn
Und vergiss nie: du musst den Weg gehen
Schritt für Schritt
Auch wenn du das Ziel schon siehst
Es gibt keine Abkürzungen
Abkürzungen sind Illusion
Und rauben deine Kraft
Abkürzungen führen in die Irre
Also geh voll Freude auf Spurensuche
Spüre mich überall
In allem
Geh voll Freude den ganzen Weg!
Achte die Langsamkeit anderer
In der Langsamkeit liegt Würde,
Anmut und Schönheit
Achte mich in der Langsamkeit
Sieh mich in der Langsamkeit
Ich bin die Langsamkeit

Ich bin die schwarze Krähe im Regen
Ich bin die Krähe, die die Samen
Aus dem abgemähten Gras pickt
Ich bin die schwarze Krähe im Regen
Sieh mich in den Jungen der Fee *(Anm.: meine Katze)*
Eines dunkel, eines weiß, eines rot

Sieh mich in der kleinen Katze
Weiß, mit schwarz – rotem Muster
Wer hat sie dir geschickt – glaubst du
Am Tag der Sonnenfinsternis
Als struppiges, kleines Knäuel
Versteh die Botschaft der Tiere!

Spürst du dein Mondblut fließen?
Begrüße es freudig!
In den alten Zeiten wussten die Frauen
Um die Bedeutung des Blutes
Zieh dich zurück
Achte deinen Körper
Lass die Reinigung fließen!

Begrüße den Schmerz der Heilung
Begrüß mich im Schmerz der Heilung
Vergieß keine Tränen
Schon siehst du das Blau des Himmels
Vertrau mir!
Die schwarzen Wolken ziehen weiter
Halt durch und vertrau mir
Die Hitze des Fiebers verbrennt
Verbrennt die alten Schlacken
Steig auf wie der Phönix ans Licht!

Sieh mich im gelben Holler
Sieh mich im Grenzstein
Wächter am Weg
Wohin immer du auch kommst
Ich bin bei dir
Ich halte segnend meine Hände über deinen Kopf
Ich beschütze dein Herz
Ich halte schützend meine Hände
Über dein Herz
Zart und sanft spürst du meine Gegenwart

Du verbindest die Welten
Durch das, was du bist
Vertikal und horizontal
Du webst ein Netz aus guten Gedanken
Drum achte auf das, was du denkst
Du denkst nicht für dich
Du denkst meine Gedanken
Denn ich bin in dir!
Lass die Räder bewusst rollen
Achte bewusst auf jeden Schritt
Kein Schritt ist Zufall
Jeder Schritt ist bedeutsam!
Erkenne die Bedeutung eines jeden Schrittes
Versteh die Richtigkeit des Ablaufs
Nur so verstehst du die Schritte der andern
Nur so kannst du sie ihnen erklären

So ist es gut
Ich spür dein Vertrauen
Mein innigst geliebtes Kind
Nie wieder bist du verlassen
Nie wieder bist du allein

Drum fahr – fahr auf den Straßen der Erde
Verbinde die Welten
Mag es regnen oder schneien
Glühende Hitze deinen Weg begleiten
Fahr von jetzt ab
im Bewusstsein deines Auftrags
Du verbindest die Welten
Und ich segne deine Wege
So verliert sich die Anstrengung
Das Fahren selbst wird zur Aufgabe
Ich sehe mit deinen Augen
Die Schönheit der Erde

Ich segne
Die Schönheit der Welt!
Halt dich an die Beschränkungen der Straße
Geduldig folge dem Auftrag
Das Gute geschieht zu seinem Zeitpunkt
Du kannst nichts beschleunigen
Drum halt dich an die Beschränkungen der Straße
Halt dich an die Zeichen der Straße
Achte die Gesetze der Welt
Du fährst sicher und schnell
Doch halt dich an die Gesetze der Welt!

Sieh mich im reißenden Wasser
Wild durchflute ich das Tal
Hoch schäumt die Gischt auf
Wenn sich die Wasser brechen
Schau mit Indianeraugen
So, wie du es die Kinder lehrst
Ja, dort hocken zwei spielende Engel
Mitten in eurer Landschaft
Ihr müsst uns nur rufen
Wir sind so nah
Warum wirst du traurig?
Weil niemand uns sieht?
Du siehst uns – das ist genug!
Geh nicht hinein in die Traurigkeit
Lass dich vom Schmerz nicht verführen
Bleib bei der Freude,
Die flirrend im Herzen sich dreht
Dein Weg ist die Freude
Nicht das Leid
Diese Lektion hast du zu gut gelernt!
Drum bleib bei der Freude!

Du siehst, ich seh deine Gedanken
Frag nicht warum und wieso
Ich bin bei dir
Das weißt du
Die Schlacken lösen sich langsam
In dir brennt das Feuer der Liebe
Drum empfange den Schmerz der Heilung
Sei sicher – sie ist es!
Denk an die Pfade der Göttin
Verschlungen und voll Kraft
Nichts geht gerade, nichts geht schnell
Achte auf die Langsamkeit
In der Langsamkeit liegt die Schnelle
Im Verschlungenen der direkte Weg
In der Hitze liegt die Kühle des Augenblicks
Achte die Gegensätze
Ich bin die Gegensätze
Verurteile nie das Dunkel
Sieh mich in allem, was ist
Ich bin die dunkle Mutter

Sieh mich im Unkraut am Wegrand
Sieh mich im Sauerampfer am Feld
Das Unkraut ist die stärkste Pflanze
Es kann alles durchwuchern
Drum achte die Kraft des Unkrauts!
Zähme die Kraft des Unkrauts
Mach es dir dienbar!

Du fragst nach dem Rhythmus?
Ich sing mein Lied
Mein Lied ist poetisch
Meine Sprache ist göttlich
Ich bin die Göttin
Du übernimmst meinen Rhythmus
Ich bin die Göttin in dir

Viel Kraft liegt im Rhythmus
Du trommelst mein Lied
Mal zart und sanft
Mal kraftvoll und wild
Ich bin die Göttin in dir

Du fragst nach der Stimme?
Sie ist meine Stimme in dir
Durch dich erreicht sie die Welt
Meine Stimme ist männlich
Männlich erreicht sie die Welt
Du leb die Weiblichkeit
Staune nicht über die Stimme
Wie sonst sollte ich sprechen
in einer vermännlichten Welt?
Hör du den Klang des Gesangs!
Hör du die Strophen des Liedes!

Sieh mich im Anflug des Herbstes
Trau dem, was du siehst!
Du kennst die Zeichen des Herbstes
Die Tage des Sommers – dahin
Was stimmt dich traurig?
Ich komme wieder
Ich bin die Zeiten des Jahres
Ich bin das Vergehen
Ich bin das ewige Werden
Sieh, was zu sehen!

Wechsle nicht zwischen den Welten
Die Welten sind eins
Ich bin in allen Gezeiten
Vom Anbeginn seiend
Drum sieh nicht den Verlust des Sommers
Sieh den Anfang des Herbstes
Sieh mich in allen Gezeiten

Ich bin
Ich bin
Ich bin
Du denkst über meine Stimme nach?
Mächtig und dröhnend,
Eindringlich und langsam
So ist meine Stimme
Was hast du erwartet?
Ich bin die Göttin

Sieh mich im grünschwarzen Wasser
Des dunkel schimmernden Bergsees
Sieh mich in den brechenden Augen der Fee
Warum nennst du mich grausam?
Ich berge die sterbliche Hülle
Sieh mich in den erdigen Steinen
Riech mich im feuchten Gras
Dunkel – dunkel – dunkel
Ich bin die dunkle Mutter
Die weise Alte vom Berg
Trockne die Tränen
Schau auf das was du hast
Drei kleine maunzende Kätzchen
Das Vermächtnis von meiner Fee
Nimm Abschied von deiner Fee
Ich halt sie in meinen Armen
Ich drücke sie an mein Herz

Das Lied der Göttin

Ent - decke die weibliche Kraft der Gottheit in dir!
Erwecke die Heilkraft der Göttin in dir!

A: *Die Reise nach Bali*
Warm und wiegend – die Göttin tanzt
Sie tanzt mit mir in alten Tempeln, am Strand
in den Wellen des Meeres,
Spielerisch, sanft und voll Leichtigkeit …

G: Sieh mich in den schäumenden Wellen
Hör mich brechen am Strand
Sieh mich in der Weite des Meeres
Und in den Fischerbooten im Sand
Sieh mich in all den Steinen
Weiß und schwarz und rot
Spür mich und meine Kraft
Spür meine weibliche Stärke
Sieh mich in den Gesichtern der Frauen
Sieh meine Schönheit in ihrer
Sieh mein Lachen und meine Lust
Spür meine Freude und Weichheit
Spür meinen Rhythmus und Fluss
Gib dich hin dem Fließen
Lass mich in dich hinein
Du singst das Lied der Göttin
Es klingt andauernd in dir
Du bist meine weibliche Schönheit
Es klingt mein Lied in mir

Lass oben die männlichen Tempel
Du spür ganz nah meine Kraft
Du bist mein leibliches Wesen
Komm, lass dich umarmen von mir!
Zieh aus den Rock, den weiten
Wirf dich in meinen Arm
Lass fortspülen all das Alte
Lass fortspülen all deine Müh
Das Leben ist keine Plage
Freu dich mit mir
Freu dich an der tropischen Sonne
Den Palmen, den Kindern am Strand
Freu dich an den Muscheln und Steinen
Freu dich an den Geistern im Land
Fühl meine Nähe in Allem
Was Dich umgibt in diesem Land

Hier bin ich ganz nah!
Sieh mich in der Bläue des Himmels
Sieh mich in den Wassertropfen auf der Haut
Lass dich fallen in mir
Ich halt dich ganz fest mein Kind

Sieh mich in der Tiefe des Brunnens
Sieh mich in der Schwärze der See
Du spürst den Herzschlag der Erde
Spür meinen Herzschlag in dir
Sieh mich in Deiner Entschlossenheit
Sie tut dir gut
Ich bin die Entschlossenheit in dir
Du tanz für mich
Du tanz den Tanz der Göttin
Tanz! Tanz! Tanz! Und sing!
Umarme mich
Umarme die Erde
Umarme die Anderen
Ich umarme dich
Spür meine Umarmung
Spür meine Liebe fließen
Sie fließt aus dir mein Kind
Du kannst sie nicht mehr aufhalten
Komm, lass sie fließen
Spür meine Wärme und Nähe
Ich bin die Liebe in dir!
Schau nicht auf die Anderen
Spür meine Liebe in dir!

Sieh die verbrannte Erde
Sieh die grüne Insel im Lavastrom
Sieh mich in Beidem
Zerstörung und Fülle
Üppigkeit und Asche
Das Eine bedingt das Andere

Ich bin Beides
Sieh mich in den herrlichen Blüten
Sieh mich im Lavasee
Sieh mich im Moos auf uralten Steinen
Sieh mich in den Tropfen
Hängend an den Nadeln der Kiefern
Hier ehren sie die Geister
Die Geister sind gut
Sie lieben dich mein Kind
Du ehrst die Geister
Du ehrst die Feuer des Vulkans
Das Feuer brennt in dir
Du fürchtest nicht meine Gewalten
Du ehrst mich in beiderlei Gestalt
Ehre die Gestalten in dir!

Sieh mich im Regenwaldregen
Sieh mich in unwegsamen Pfaden im Busch
Lass dich nicht beirren! Niemals!
Sieh mich im aufrechten Gang der Frauen
Sie dienen mir aufrecht
Aufrecht sollst du sein
Aufrecht sollst du dich zeigen
Verstecke nie wieder etwas von dir
Du würdest mich verstecken
Willst du das?
Warum fällt dir das so schwer?
Komm, tu es mir zuliebe!
Es ist heilsam für dich!
Sieh mein Gesicht sich spiegeln
Im Wasser der grünen Reisfelder
Sieh mich in den Palmen, im Bambus
Am Rand die Felder säumend
Ehr mich in der Arbeit der Menschen
Die mühsam die Felder bebauen
Sieh ihre fröhlichen Gesichter

Spür Ihre edle Art
Wie leicht sie die Lasten tragen
Sie machen den Rücken nicht krumm

Leb leicht und warm wie sie
Sie brauchen die Kälte nicht fürchten
Du spür die Wärme im Herzen
Mach warm den Menschen das Herz!

Sieh mich in der aufkeimenden Schönheit
Der traurig blickenden Frauen
Sieh, wie ich wirke
Schau ab und tu!
Sieh ihre hellen Gesichter
Wenn Gram und Schmerz sich lösen
Sieh ihre strahlenden Augen
Wenn golden die Sonne durchbricht
Dank mir in diesen Gesichtern
Verfalle nie wieder in Schmerz
Du bist meine geliebte Schönheit
Mein warmherziges Wesen im Wind
Versteh meine Sprache
Sieh mein Glitzern
Hör meine Kraft ich bin so nah
Spür mich in dir!

Nimm an den Hirschkönig in dir
Du bist der Hirschkönig
Wie oft bist du mit den Hirschen gelaufen!
Nimm an die Göttin in dir
Du bist sie, du warst sie, du wirst sie sein
Schlaf mit dem Hirschkönig
Heile das Land!
Trag unseren Sohn, trage das Land
Nimm an unseren Sohn
Sei gewiss, er ist es!

Schau nicht nach weltlichen Müttern
Erfahre die Göttin in dir
Nimm Mordred an als das was er ist
Gwydion, das Kind der Göttin
Was könnte er sein!
Wie könnte er strahlen!
Erzieh unser Kind in dir!
Verhilf ihm zum Strahlen in dir!

A: *Die Reise nach Hawaii*
Das Meer – stürmisch und aufgewühlt
Die Vulkanberge – heiß, kaum erloschen
Pelé, die Feuergöttin
Uralte Weisheit – gelebtes Wissen
Gelebte Liebe und Lust
Aufforderung und Versprechen
Die Göttin – unmittelbar spür ich ihre Kraft

G: Sieh mich im werdenden Morgen
Sieh mich im vollen Mond
Ich sinke hinein in die Nebel
Blick durch – durch die Straßen aus Asphalt
Sieh mich in diesem Land
Such meine Spuren
Ich bin hier ganz stark
Die Tiere wissen um mein Hiersein
Du spürst mich ganz nah
Die weibliche Kraft des Mondes
Das erste Morgenrot
Blick hinter die Fassaden der Dinge
Sieh hinter den äußeren Schein
Ich bin die Schönheit in Allem
Die Silbertropfen am Gras
Der herrliche Duft der Blüten
Der streichelnde Wind, der bewegt
Sieh mich in der Heilkraft der Erde
Der schwarzen Lava am Strand

Sieh mich auf dunklen Wegen
Sieh mich am Ende der dunklen Straße
Komm! Komm! Komm!
Du bist es wert,
Meine geliebte Priesterin zu sein!
Du bist es wert,
Meine Priesterin zu sein!

Erkenne dich an
Gib mich weiter
Ich bin in dir!
Erlöse die dunklen Wächter
Erlöse die Wächter in Dir
Löse die Fesseln
Halte nichts fest
Sei offen und frei
Sieh mich in Deinem Kommen
In deiner Bereitschaft für mich
Ich wart seit Äonen
Stelle nichts zwischen dich und mich
Stelle nichts zwischen die Liebe zu mir
Lass mich sprechen durch dich
Gib deinen Tränen Ausdruck
Ich liebe die Menschen durch dich

Ich liebe die Menschen durch dich
Halt nichts zurück – komm
Lass mich erscheinen durch dich
Lauf, Du musst die Fesseln lösen
Halte dich nicht selber fest
Du bist es wert, mir zu dienen
Mein innigst geliebtes Kind!
Sieh mich in all der Kälte
Der Dunkelheit der Seelen
Sieh mich im Sehnen der Menschen
Zeig Ihnen den Weg zu mir
Umarm du die Menschen
Nimm Deine Priesterschaft an
Die Sperre ist nur in dir
Sieh meine Hand
Ich strecke sie aus nach dir
Komm, halte dich fest ohne Zaudern
Richte dich auf, sei standhaft
Gehe ins Licht mit mir!

Lass dich umarmen, umspielen
Spür meinen sanften Hauch
Zart und kühl sprüht mein Regen
Der Regenbogen – mein Versprechen an dich
Die Brücke zwischen den Welten
Umarme die Göttin in dir!
Schau nicht auf den Ort – die Zeit
Du stell dich hin und trommle
Trommle mein Lied in dir
Halt nichts zurück
Lass es fließen
Weich kommt es aus Deinem Mund
Nimm die Menschen mit
Sie folgen dir
Vertrau mir
Vertrau Deiner Kraft mit mir
Dir kann nichts geschehen im Tun!

Hinauf windet sich die Straße
Es gibt keinen Weg zurück
Schau nie nach hinten – komm!
Mit mir gibt es nur eine Richtung
Lass alles los und komm!
Ich bin das einzige, was es gibt
Ich bin die Richtung, der Weg
Nichts soll dich beirren
Niemand Dich halten
Lass mich fließen in dir!
Du hältst meine Steine
Lass los die verkrampfte Hand
Du brauchst keine Steine
Ich bin in dir! Versteh!
Mein Licht scheint in dir
Lass es leuchten!
Es gibt keine Not, kein Fürchten
Mutig schreite voran

Zweifle doch nicht schon wieder
Damit verletzt Du doch Dich und mich....
So ist es gut!
Bekämpfe die Zweifel in dir!

Lass dich nicht übermannen
Du lebe die Frau in dir
Die starke, feurige, die verbindet
Das Spaltenweib in dir
Die dunkle, gebärende Höhle
Das warme Feuer in dir
Ich bin auch Blut und Schmerzen –
Du leb die Freude, die Lust
Nicht bring dich als Opfer
Lass mich walten in dir
Opfere nicht dein Bestes
Opfere mir deinen Schmerz
Wie kann ich sonst wirken in dir?
Opfere mir deine Zweifel
Lass los Deinen Neid, Deine Angst
Eng bist nur du
Ich bin weit und warm!
Lass dich umarmen
Steck weg Sturheit und Trotz
Das ist das Alte – vergangen
Frei verkünde mich!

Wie? Wie? Wie?
Sing!
Du kennst doch mein Lied
Sing laut und kräftig!
Nichts halte zurück!
Maut zahlen die anderen
Du hast längst bezahlt
Jetzt nimm an Deine Power
Nimm an meine Kraft

Du brauchst mir nicht zu opfern!
Empfange!
Lass los und empfange
Empfang mich mit jeder Faser
Empfange mich und gib
Wir fließen von oben nach unten
Geh mit dem Fluss
Dreh nichts um
Das hält dich und mich
Lass mich dir geben
Dann bist du daheim!
Zuhaus bei der Göttin
Daheim in dir!

Gib das Lied den anderen
Du empfängst – aber gib
Das Lied – es ist nicht nur für dich
Deine Not ist die Not vieler
Du gehst nur den ersten Schritt
Lass es fließen
Halt nichts zurück!
Vergiss nie, dass du dienst, du darfst es!
Du bist es wert mir zu dienen
Anerkenne den Wert in dir!
Anerkenne den Wert jedes Menschen
Sieh das Licht eines jeden
Blicke durch – durch die Nebel
Die Nebel sind Illusion
Klar sieh dein Licht
Trage es mutig im Herzen
Dein Mut gibt den anderen Kraft
Spür meine Kraft
Empfange das Geschenk der Heilung!

Hör nicht auf die anderen
Du dienst mir
Du sammelst für die anderen
Zeit —— was ist das ?
Geh nicht zurück in die Kälte
Geh nicht zurück
In die Einsamkeit deines Seins
Bleib offen, auch wenn man dich angreift
Lass nicht zu, dass wer dich verletzt
Fahr durch den Regenbogen
Streif alles ab
Lang genug warst du Sklave!
Hab Dank für deine Bereitschaft
Behalte nichts für dich
Freizügig gib den anderen
Freizügig empfange von mir
Die Wasser – sie heilen die Kälte,
Die Stockung, sie bringen in Fluss
Sie geben das rechte Maß
Du weißt, was du wissen musst
Jetzt vertraue und tu!
Hab Dank für deine Bereitschaft
Hab Dank für dein offenes Herz
Geh jetzt und tu!

Du siehst die Geister des Canyons
Hör auf das, was sie Dir sagen
Gewichtend ist Ihre Botschaft:
„Verachte nicht Dein Ego
Sieh uns an – wir sind mächtig und stark
Verbunden mit der Erde
Uns wirft nichts aus der Bahn
Achte uns!
Ja, wir sind viele
Sieh Deine vielen Egos
Sieh deine vielen Leben

Danke uns – wir haben dich so weit gebracht
Wir haben dich dorthin gebracht
Wo du jetzt bist
Danke uns! Achte uns!
Du stehst an der Grenze –
Nimm uns mit – unsere Kraft,
Unsere uralte Weisheit verbunden mit der Erde
Durch viele, viele Leben!
Schätze uns nicht gering!
Wir sind weise, starke Diener
Nimm uns mit! Wir hatten eine wichtige Aufgabe
Vergiss nie, uns zu danken!“

Sieh mich in Gestalt der Wolken
Flüchtig bin ich und leicht
Ein sanfter Kuss auf die Wange
Ein zartes Streicheln durchs Haar
Sieh mich in all diesen Früchten
Mein Leib macht sie reif
Die Kraft kommt aus der Erde
Rot ist dieses Land
Der Wind streicht über die Gräser
Türkisblau glänzt das Meer
Weiß schäumen die Wellen
Bunt ist das Land
Sieh mich in der Kraft der Farben
Die Farben geben dir Kraft
Sieh die vielfältigen Grün.....

Sieh mich in deiner Vagina
Ehre dein Geschlecht
Beleidigt bin ich worden
Geschunden und kasteit
Sieh mich im Sitz deiner Freude
Lebe die Lust in dir
Liebe dein Frausein

Leb die Frau in dir
Die starke, gute Mutter
Das mächtige, feuchte Weib
Du darfst nichts zurückhalten
Jede Facette musst du sein
Abseits von allen Normen
Es gibt keine Tabus
Das Ganze musst du leben
Sonst beleidigst du mich und dich
Ich liebe die Frau in dir
Du liebst die Göttin in dir
Gib deine Hemmungen auf
Sie gehören nicht zu dir
Du hemmst dich selbst und mich
Lieb dich als Ganzes
Nicht nur kleine Stückchen von dir!

Die Show lass den anderen
Du trommle für mich
Ich liebe dich, du sonniges Wesen
Genieße dein Trommeln für mich
Du hältst mich in Ehren
Du gibst mir meine alte Kraft

Durch dich kann ich sprechen
Sitzt da im sonnigen Fenster
Das Licht – es scheint auf dich
Du holst mich aus der Ecke
Streichelst meinen lustvollen Körper
Hör nie wieder damit auf!
Du siehst – ich schütze dich
Ich gebe dir Raum
Du singst mein Lied für mich!
Du entdeckst meine Zeichen
Mit dir ist es gut hier zu sein
Komm! Trommelt weiter

Mir gefällt Euer Gesang
Er macht mich mächtig und stark
Mit euch will ich sein
Wie in den Alten Zeiten –
Trommelt und verbindet die Welt –
Mit mir ist Ruhe im Lärm
Sucht mich nie mehr im lauten Äußeren,
In den schrillen Tönen der Welt
Sanft und leise singt
Und doch mächtig und stark!

Ihr seid meine geliebten Wesen
Deine Freundin und Du
Kommt, lasst mich leben in Euch
Gebt meiner Stimme Ausdruck
In der lauten Geborgenheit –
Seht mich im Spiegel am Wasser
Blickt mitten in mein Gesicht
Die Menschen lieben das Alte
Sie wissen nicht, was sie tun
Ihr wisst um den Wert des Alten
Gebt ihm seinen Wert zurück
Lest die Bedeutung in allem!

Sieh mich in den Geistern der Erde
Sieh mich in Allem, was ist
Höre die Botschaft der Geister
Achte sie nicht gering!
Große Weisheit liegt in der Erdverbundenheit!
Sieh mich in den Wächtern der Erde
Den Zwergen, den großen, den alten
Seit urdenklichen Zeiten hüten sie Eure Welt
Seht sie und dankt Ihnen
Erkennt Ihren Wert!

Schenkt Ihnen die gebührende Achtung
Liebt sie und fragt sie um Rat
Sie waren eh du warst
Sie lieben und bleiben
Du lieb sie und schwing dich auf
Machs wie die weißen Vögel!
Die Geister tragen die Erde
Sie dienen in Demut
Und doch sind sie stolz
Sie wissen um Ihre Weisheit
Sie erkennen den Wert Ihres Seins
Lerne von Ihnen!
Erkenn deinen Wert
Wisse um deine Weisheit
Erworben in vielen Leben
Gelebt durch vielerlei Leid
Erspürt durch große Freude
Erfahren und gefühlt
Achte, was du gelebt hast
Nun nimm die Essenz
Die Lehrzeit ist zu Ende
Folge der Göttin in dir!

Geliebtes Wesen – du bist erschüttert
Freudig erbebt dein Herz
Zitternd empfängst du die Botschaft
Lass mich nicht warten
Nimm mich auf in dein Herz
Sieh mich in den weißen Vögeln
Im leicht gefiederten Flug
Merk Dir: Ich bin Beides
Die erdige Weisheit der Geister
Die luftige Freiheit der Leichte
Vernimm die Botschaft der Geister
Nimm sie tief in dich auf
Der Wind streicht durch dein Haar –

Ich streiche dir zärtlich durchs Haar
Ich streichle die Gesichter der Geister
Sie kennen mich gut!
Ich bin Ihre Mutter
Ich bin die Mutter von allem
Nun ehre deine Mutter
Ehre Deine Mutter in dir!

Gib doch nicht auf
So kurz vor dem Ziel
Schon hast du es geschafft
Geh durch die letzte Härte – durch!
Vergib dir und geh –
Was ist denn so schwer an der Sache?
Dein Herz, wird schwer und schwerer
Blick in die Sonne
Die Vögel singen mein Lied
Was bist du doch für ein Wesen
Komm – mach dich nicht so schwer
Heb deine Flügel und flieg!
Die Freiheit sie ist so nah!
Spüre die Heilkraft der Erde
Spüre meine Hände auf dir
Komm – heb deinen Kopf
Schau aufwärts!
Niemals blicke zurück!
Ehre deine Weisheit, achte dein Alter
Von nun an nimm nur die Essenz!
Was macht dich traurig?
Nun geh schon den letzten Schritt
Lass deine Liebe fließen!

Der Tränen geweint ist genug
Komm – sieh die Schönheit der Welt
Lass sie dich ganz erfüllen!
Lass mein Licht wegbrennen den letzten Schmerz

Nimm an meine große Liebe
Zu dir und den Wesen der Welt
Ich liebe alle Menschen
Schau nicht auf ihre Gestalt
Mein Geist lebt in jedem
Deine Liebe durchflutet die Welt
Du kannst dich nur selber heilen
Sieh, ich helfe dir dabei
Vergiss die bitteren Pillen
Der Weg ist längst vorbei
Nimm meine Kraft aus der Erde
Die Energie, das Licht aus der Luft
Meine Liebe ist in jeder Wolke
Im kleinsten Windhauch ist sie!
Lass zu!
Verbohr dich nicht in Stolz!
Sieh, ich schick dir den Vogel
Siehst du – jetzt lächelst du
Der kleine Rotschopf kommt auch schon
Mein ganzes Aufgebot!

Erkenn endlich deinen Wert!
Vergiss den alten Klamauk
Er war die notwendigen Schritte
Da sitzt du nun und schaust
Ich sag dir, wie es ist – du hast die Wahl
Versumpfst du in alten Mustern
Kann ich nichts für dich tun
Drum verlier nicht den Mut
So kurz vor dem Ziel
Erkenn deinen Wert, deine Größe
Deine Liebe und deine Macht
Du bist ein machtvolles Wesen
Ich bin die Göttin in dir
Lass los die letzten Skrupel
Stürz dich in meinen Arm

Ich fang dich auf – vertrau mir
Für immer bist du mein!
Lös endlich die letzten Haken
Es ist doch alles bereit
Warum setzt du Schranken?
Ich liebe dich so sehr
Komm – schau in meine Augen
Mein innigst geliebtes Kind –

Lass dich ein Stückchen tragen
Ruh dich aus in mir!
Entspann dich
Deine Anstrengung gib mir
Siehst du die Vögel – vertrau dir
Sie kommen zu dir ganz nah
Jetzt vertrau dir doch selbst
Vertrau dir und mir
Das letzte Stück ist das Schwerste
Nimm an die Heilung von mir!
Nehmt an die Heilung von einander
Jede hat ein Stück des Ganzen
Zusammen seid Ihr stark!
Tragt euer Wissen zusammen
Eure Liebe und Weisheit von mir
Tauscht eure Erfahrungen aus
So werdet Ihr weit und bereit
Kommt, es ist dringend
Ich brauche euch – kommt!
Seid mutig und wagt euch ins Neue!
Vorbei der alte Quatsch!
Macht euch nicht selber runter!

Welche Worte braucht Ihr denn noch?
Ich liebe euch alle!
Schaut in mein liebendes Herz!
Erblickt die Liebe im Herzen

Und alles andere wird leicht
Drum bleibt ganz fest in der Liebe
Weicht nie mehr ab von dem Pfad
Nie mehr sollt Ihr leiden
Des Elends – es ist genug
Ihr müsst die Vergebung wollen
In euch ist ein friedlicher Ort
Jetzt wirst Du ruhiger – spürst meine Hand
Lass dich halten, du Tapfere
Lass dich halten, mein Kind
Jetzt nimmst du die letzten Hürden
Das letzte Stück vom Weg
Kraftvoll schreite voran –
Sieh, die Haken sind Schleier
Vor Deinem inneren Auge
Löse die Schleier – klar siehst du den Weg
Wir sind alle bei dir
Wir sind im Innen und Außen
Deiner physischen Welt

Du spür uns im Innern!
Wir sind dir ganz nah!
Warum wäschst du deine Hände?
Lass doch die Erde dran
Die Erde hat Heilkraft
Spüre die Heilkraft der Erde
Gib du sie der Erde zurück
Du hältst sie in deinen Händen
Nimm und gib
Gegenseitig sollt Ihr euch heilen
Einander geben, was wendet
Sieh die Arbeit der Krabben
Die Arbeit, sie ist lustig und leicht
Spielerisch tun sie, was Not tut!
Merk doch! So geht es auch!
Vergiss endlich all diese Schwere!

Kein Wesen hat das je verlangt
Du lach und freu dich –
Sieh die kleinen Käfer im Sand
Die Sandkrabben spielen für dich!
Du sitz am Strand und trommle
Dein Trommeln verbindet die Welten!
Der Klang verbindet die Welt!

Vergiss den Egotrip – vertrau mir
Wozu glaubst du bist du erwählt ?
Nicht scheu versteck dich
Laut schrei mich hinaus!
Du stell dich hin und singe!
Das musst du tun!

Sieh mich in der Glückseligkeit des Augenblicks
Sammle die Augenblicke –
Sie sind dein größter Schatz
Sie sind in den Wassern des Lebens
Du fragst, woher sie kommen –
Aus mir, aus mir, aus mir!
Lass meine Wasser fließen –
Sie fließen auch aus dir!
Sieh mich in versteckten Tälern
Tief eingegraben sind sie
Sieh mich in den herrlichen Formen
Der Berge ringsherum
Sieh mich in sich windenden Flüssen
Ich durchflute die Welt!
Lass Du meine Wasser fließen!

Sieh mich im fallenden Regen
Die Regen – sie sind in dir
Nimm deine Fruchtbarkeit wahr!
Du bist nicht verantwortlich
Für das Nehmen der anderen

Du bist verantwortlich für das,
Was du gibst!
Drum gib dein Bestes
Häng nicht an deinem Besten
Du weißt, dass es so ist
Mach nicht die Not des andern zu deiner
Damit verletzt du dich
Sei offen für die Not des andern
Tu du deinen Part
Aber vergiss nie, wer du bist
Deine ganze Kraft gib den andern
Doch zuerst behalte sie für dich
Ich brauch dich kräftig und stark
Du diene mir weise
Verliere dich nie in den andern
Behalte deine Identität
Du musst ganz klar und rein sein!

Drum wasch noch mal das Gesicht
Die letzten Stäubchen wasch runter
Wasch dich und gib!
Wasch ab die letzten Reste
Einer verlogenen Maske
Sie gehört nicht zu dir
Verstecke nie deine Teile
Verleugne nie etwas von dir
Sei bereit für das, was du tun musst
Sei bereit, sauber und rein
Wasch ab die Fusseln vom Herzen
Trockne dir dein Gesicht
Blick hindurch durch die vielen Schichten
Von angesammeltem Dreck!

Was zögerst du?
Geh in die Mitte des Tempels
Nimm deinen Platz an

Ich gebe dir deinen angestammten Platz zurück
Kümmere dich nicht um die andern
Du nimm die Priesterschaft an!

Komm meine geliebte Priesterin
Trinke aus meinem Kelch
Drei Schluck für die Göttin
Trinke und stirb
Lass los dein altes Selbst
Dein Ego, das dich bindet
Segne die Orte
Heil sie, befrei sie und segne die Welt
Durch deine Hände fließt Heilkraft
Du nimmst deine Priesterschaft an
Du nimmst deine Aufgabe an
Mit der geweihten Kraft
Tu, was von dir verlangt!
Spüre die Freude, die so durch dich fließt
Spürst du den Frieden
Der dein Herz durchströmt?
Bleib bei der Freude, beim Frieden
Lass deinen Körper sich erinnern
Gib nach und vergib dir
Es ist alles gut, wie es ist!
Was du wissen musst, weißt du
Nimm an und tu!

A: *Spätsommer – die letzten warmen Tage*
Ich bin noch angefüllt von der Fülle der
letzten Wochen – dankbar – möchte ein wenig
ausruhen, mich zurücklegen – aber
die Göttin drängt weiter – ich bin bereit –
am Altausseer See, dem Mittelpunkt
Österreichs, dem Mittelpunkt und Herzen
Europas – Nichts ist zu-fällig, jedes
Gespräch voll Bedeutung…

G: Sieh mich im Gespräch mit Frauen
Alles glitzert, strahlt, vibriert
Ich bin das volle Leben!
Kommt, kostet es aus mit mir!
Lasst ab von verschrobenen Mustern
Den Bändern um euer Herz
Lasst eure Power fließen
Gemeinsam seid ihr so stark
Nehmt an, was zu tun ist, und tut!
Ihr könnt es!
Redet über mich!
Im Reden bin ich bei euch
Spürt die gehobene Schwingung
Kommt, lasst euch tragen von mir!
Sieh mich im Leuchten der Augen
Im scheuen Aufblitzen von Macht
Erkenne mich und gib
Gib mit beiden Händen!
Aus vollem Herzen gibst du!
Ich fühle mich wohl in dir,
Mein zauberhaftes, geliebtes Kind!

Komm, spüre meinen Wind, mein Wehen
Ich trage dich hoch hinauf
Nie wieder wirst du fallen
In finstere Tiefen des Herzens
Ich bring dich aus deinem Lot
Lass dich lockern
Festgeeist wurdest du
Du musst nicht bleiben
Festgeschmiedet an Altem
Die Freiheit wähle du!

Schon wieder verfällst du der Not?
Die einzige, die einen Konflikt draus macht,
Bist du!

Willst du das – dann leide –
Aha! Du willst nicht!
Dann genieße die Schönheit des Augenblicks
Genieße die Sonne, das herrliche Wetter
Sieh die reifen Äpfel am Baum –
Du brauchst sie bloß pflücken!
Warum bindest du dich an?
Lass los die alten Bänder!
Du tust niemandem weh damit!

Nur dir selbst, wenn du es nicht tust!
Du hast die Wahl – wähle!
Wählst du Liebe, Schönheit, Freiheit für dich
Wählst du sie auch für andere!
Widersteh doch den dunklen Einflüsterern
Sie sind so vernünftig
Sie locken dich ins dunkle Tor der Burg
Weißt du nicht mehr, was der Wolf dir gesagt hat?
Dorthin musst du nicht mehr
Dort hast du nichts mehr verloren
Liebevoll führt er dich vorbei
Ans Ufer des goldenen Wasserfalls
Dort sollst du dich bewegen
Dort sollst du sein
Dorthin sollst du die andern mitnehmen
Das ist deine Arbeit
Freu dich!
Genieße das Leben, das ich dir schenke
Alle sind wir für dich –
Enttäusch uns nicht!
Sei du selbst es auch!

Wieso kannst du das nicht glauben?
So tief sitzt das Alte noch? – Also gut!
Dann lass mal die Finger los –
Langsam, ganz langsam –

Du musst dich erst selber nähren
Bevor du anderen Nahrung geben kannst
Sonst verhungerst du am Weg – willst du das?
Nimm an, was für dich bereitsteht
Sonst beleidigst du mich und dich
Hör auf Nägel zu beißen
Steh aufrecht– setz dich ordentlich hin
Und mach nicht so ein Gesicht!
Na los! Vergiss den alten Quatsch,
Den man dir beigebracht hat –
Sei offen für mein Wort, mein Lied!
Geh und nimm mich ganz in dir auf
Mit jeder Faser deines Körpers
Das ist wahrhaftige Priesterschaft!
Komm, es ist so einfach
Schwer machst es nur du
Versteh das endlich!
Krieg das endlich in dein Herz!

Längst könntest du frei dahinsegeln, fliegen
Aber abspringen musst du selbst –
Dann lass dich tragen von mir!
Warum willst du etwas so Schönes zerstören?
Bleib bei dem, was du hast
Sieh mich in dem, was du hast
Wozu willst du mehr?
Was ist es, das du willst?
Hör mich im Plätschern des Wassers
Am Boot auf dem grünen See
Hör mal – reiß dich zusammen – was willst du?
Du musst darauf achten, was du einsammelst
Bleib doch bei den Wassern –
Sie sind die Wasser des Lebens
Sieh mal – bin ich dir nicht genug?
Du glaubst, mir zu dienen?
Mit fremden Energien?

Ich möchte dich erkennen, dich spüren!
Warum ich dir das nicht eher sage?
Du hast mich nicht gefragt
Du musst mich fragen und bitten
Erst dann kann ich was für dich tun!

Lass dich schaukeln von den Wellen –
Lass dich tragen vom Wasser –
Siehst du – jetzt bist du mir nah
Stell nichts zwischen dich und die Göttin
Nichts – Hörst du?
Sieh mich im Glitzern der Wellen
Mein schönstes Kleid hab ich an für dich
Lass das Glitzern der Welt
Du brauchst keinen äußeren Schein!
Du gibst die Richtung, den Weg –
Komm – lass dich führen!
Führen von mir – du bist nicht allein!
Nimm an, was Ich dir sage
Zu lang warst du männlichen Energien verpflichtet
Jetzt wach auf und leb die Frau in dir
Lass die Schönheit zu, die Liebe
Was bedeutet dir noch das Recht?
Gesetze musst du halten
Aber folge nur deinen eigenen tief drinnen in dir
Du kennst sie nicht?
Folg der Freiheit!

Bind dich nicht wieder an
Bind mich doch nicht wieder wo an – lass das!
Der Mann folgt seinen Gesetzen
Er geht seine Wege –
Lass ihn doch ziehen!
Gefordert bist du!
Mein zartes, liebevolles Wesen
Dich brauch ich – ganz!

Nicht scheibchenweise, in Stücken
Nein! Machtvoll und stark!
Sitz einfach da, am Bug im Boot –
Sitz einfach da und sei
Sei du – nichts sonst!
Und dank meinem Sprachrohr
Nimm an, was sie sagt
Nur so konnt ich dich erreichen!
Ja – geh nur an die äußerste Grenze –
Gleich liegst du im Wasser –
Hast ja recht, lass uns spielen
Aber erst musst du mir ganz vertrauen!

Der Schmerz bin nicht ich – nein
Der Schmerz ist wer anderer –
Er hält dich fest –
Komm, reiß dich los!
Noch bin ich stark genug
Sieh mal – in der Sanftheit liegt Stärke!
Du musst dich ent–scheiden
Was scheidest du ab?
Was bleibt?
Was bist du?
Ent–scheid dich für dich, nicht für andere!
Befrei dich aus eisernem Griff!
Zu lang warst du Sklave!
Dich friert?
Komm zu mir – ich wärm dich
Na, komm schon – vertrau mir!
Lächle über dich! Schmunzle!
Was bist du doch für ein Wesen!
Du sollst dich jetzt wärmen lassen
Für jetzt ist es genug
Du weißt, was du wissen musst –
Drum frag mich eher!

Da sitzt du schon wieder und weinst
Verzehrst dich vor Sehnsucht
Dein Hirschkönig wartet
Er ist doch so nah!
Ja, wein nur! wein, wein, wein
Im Schluchzen liegt Erlösung
Lass los das Verlangen
Er ist dir so nah!
Schau auf zu mir – erheb deinen Blick!
Ergreif meine Hand!
Ich bin dir so nah!
Nimm an das Geschenk deiner Sexualität!
Doch darfst du es nicht brauchen
Ich weiß, versteckt hast du es in dir
Ganz tief verborgen
Du musst es nehmen!
Ganz und heil musst du sein!
Du weißt nicht wie?
Hast es vergessen?
Den Schlüssel hab ich
Ich schließ auf das Tor
Ich lehre dich – nimm es an
Lass es fließen

Öffne die Schleusen
Du weißt nicht, wohin?
Zu den Menschen!
Gib ihnen von deinem Schatz
Lass sie fühlen deine Liebe
Spüren dein Verstehen
Gib ihnen Berührung
Die Zartheit der Liebe
Lass sie sich nähern bei dir
Gib ihnen deine Nähe
Geborgenheit lass sie fühlen
Du schöpfe von innen!

Du denkst, die Reise ist zu Ende?
Zurück bist du nur aus Hawaii
Schütz keine Müdigkeit vor
Komm, es hat erst begonnen!
Du bist jetzt leicht und frei
Erlöse die letzten Schatten
Einer verschrobenen Moralität
Und führe die andern
Schau doch, sie kommen
Allmählich wächst das Vertrauen!

Du selbst musst noch glauben:
Alles gehört zu dir
Mit allem kehre zurück zu mir
Nichts darfst du verleugnen
Alles von dir ist gut
Alles musst du leben
Dein Hirschkönig wartet
Freu dich und erwart ihn
Bereite dich sorgfältig vor
Lieb alle Teile deines Frauseins
Erfahre die Göttin in dir
Der Hirschkönig will die Göttin
Nicht eine kastrierte Frau
Liebe das Weib in dir
Gefühlvoll und erotisch
Verlangend und sanft
Nichts darfst du brauchen
Nichts darfst du wollen
So nimm an das Geschenk
Ich weiß – das ist schwer –
Sei, was du bist!
Hingegeben dem Jetzt!

Sei präsent, wach auf und sei –
Ich bin die Göttin in dir!
Sperr mich nicht länger ein!
Du nimmst wahr die Verzweiflung der Menschen
Du bemerkst ihre Not –
Warum lässt du mich nicht sprechen?
Nur, weil du mich nicht siehst
Im Neonlicht des Flughafens
Im fahlen, grauen Schein?
Ich bin in allem!
Du wertest – Hör auf!
Brems mich nicht länger ein!
Dasselbe tust du mit dir
Lass das nicht zu! Niemals!
In der Ferne lauert der Schmerz
Lass los! Lass los! Lass los!
Siehst du, jetzt geht es dir gleich besser!
Mit mir geht es dir gut
Pack weg alle Peinlichkeit
Zier dich nicht! Komm!

A: *Allmählich begreife ich, dass ich Wasser*
sammeln soll, Heilwasser von verschiedenen
Marienwallfahrtsorten
Der paradiesische Ausnahmezustand dieses
Sommers ist vorüber und neue Aufgaben warten…

G: Sieh mich in deiner Verwirrung
Im größten Ungemach
Sieh mich im nassen Laub
Im kalten Nieseln des Herbstes
Aktiviere die Verbindung nach oben
Heb deinen Blick auf zu mir
Lös endlich die alten Bänder
Die Bänder tun dir nicht gut!
Sie binden dein Herz!

Hol das Wasser – aber geh
Geh nicht in die Kirche
Such mich nicht in einem Haus
Ich bin immer bei dir
Du findest mich tief in deinem Inneren
Komm – lausche – werd leise und lausche
Du findest mich in deinem größten Schmerz
Siehe – Ich bin der Umkehrpunkt
Geh durch durch den Schmerz
Aber bleibe nicht! Verweile nicht im Alten
Sieh meine Hand – ergreife sie – mutig
Nicht zaghaft, zögernd, zaudernd
Geh durch und vergiss!

Die Schwerter – längst sind sie gezogen
Schon verheilen die Wunden
Die Wunden des Herzens
Bleib nicht bei den Wunden
Geh fort von dem Schmerz
Gelitten hast du genug
Du fühlst dich verlassen und trostlos
Verwirrt, es schmerzt dein Kopf
Bemerke den Krampf im Herzen
Bemerke die Knöpfe im Band
Komm, löse die Knöpfe
Nur du selbst kannst das tun!

Komm, trink von dem Wasser
Du sammelst die Wasser im Herbst
Kalt bläst der Wind die Tropfen
Schmal ist das Rinnen
Lang musst du warten
Geduldig empfängst du die Feuchte
Komm, trink von der Quelle
Ich bin die Quelle in dir!

Ich töne in dir
Lass mich klingen!
Du hast ein helles Gehör
Du hast das zweite Gesicht
Vertrau!
Die Schatten der Nacht sind vorüber
Die Zeit der Ängste vorbei
Vertrau! Vertrau! Vertrau!
Und geh getrost weiter
Du siehst mich in allem, was ist
In der Bedrängnis des Schattens
In der Not des eigenen Seins
Du musst zu dir stehen
Du hörst und siehst
Was willst du?
Entscheide!
Was zählt, ist der Entschluss
Willst du die Freude?
Sieh das Licht!
Es durchbricht kraftvoll die Wolken
Es strahlt durch den Regen,
Die hängenden Nebel des Herbstes
Klar beleuchtet es die Landschaft!

Das Lied der Göttin

Höre es tönen in dir!

A: *Herbst –*
Herbst in den Bergen
Raue Winde fahren durch die Wipfel der Bäume
Einsam und nasskalt sind die Straßen
Wohlig die Wärme vom Feuer im Herd

Die Göttin führt machtvoll und stark
Drängend und voll Kraft

G: Sieh das Licht
Wo es hintrifft, erbebt es
Ein zitternd Erwachen
Hoffnung glimmt auf und Wahrheit
Sieh mich im Erwachen
Endlich ist es soweit
Dein Herz wird ruhig und friedlich
Beruhigt das Flattern der Seele
Die Geister wissen es eher!
Drum ehre die Geister
Bemerk sie!
Sie tanzen um dich herum
Nie mehr bist du allein
Verbunden mit allen Wesen
Das bist du
Mein unruhig flatterndes Herz!
Du kennst keine Grenzen
Grenzenlos ist das Sein
Werd ruhig und vertraue!
Wir alle sind bei dir
Du kannst die Verbindung nicht lösen!
Zu weit bist du schon fortgeschritten am Pfad!

Mutlosigkeit – die gibt es nicht
Ein kleines Steinchen am Weg
Warum musst du darüber stolpern?
Nichts hält dich auf, außer du
Drum entscheide:
Siehst du die Steine am Weg?
Siehst du das Licht in den Wolken?
Siehst du mein Licht in dir?
Siehst du dein Licht in dir?
Siehst du das Licht in den Menschen,
Den Tieren, den Blumen am Weg
Siehst du das Licht aller Wesen?
Siehst du das Licht der Steine –

Scheinbar bringen sie dich zu Fall
Sieh das Licht überall
Sieh das Licht in allem
Entscheide!
Du wandelst am Grat
Stark stiebt der Wind
Wähle – was willst du sehen?
Die Wirkung zeigt sich sofort!
Jedes Ding hat zwei Seiten
Jedes Ding ist ganz

Achte die dunkle Seite
Nimm sie mit, integriere den Schatten
Du wähle, das Licht zu sehen!
Wähle dein Licht!
Nimm an deine Schatten!
Doch mutig zeige dein Licht
Sieh mich in deiner Kraft
Bemerke den Schatten
In Mutlosigkeit und Zögern
In Einsamkeit und Kälte
In Krankheit und Tod
Ich bin auch im Schatten
Du aber wähle das Licht!
Am klarsten ist es im Herbst
Am klarsten, am stärksten, am reinsten
Lass dich mitnehmen von ihm!
Es zieht dich nach oben
Kraftvoll steige du auf!

Ja – sieh mein Kind!
Höre auf mein Kind in dir
Du bindest ihm die Hände
Komm, lass es frei
Ungestüm lass es laufen
Ungestüm fange es auf

Ein Kind braucht Freude und Spaß
Lass mein Kind Kind sein in dir
Lass dich von ihm berühren
Siehst du, es berührt dein Herz
Mach auf – lass es leben!
Frei und lustvoll und wild
Lass dich von ihm erziehen
Es kennt dein Bestes in dir
Das will es haben!
Speise es nicht ab mit Geringerem
Es kennt deine schwächsten Stellen
Es kennt dich besser als du
Drum lass es wirken in dir
Es kennt dich und weiß!
Lass dich führen von ihm!

So frei kannst du nicht leben?
So frei – das sagst grad du
Lös ihm die letzten Fesseln
Gemeinsam seid ihr stark
Gemeinsam gehört euch die Welt
Nur wer wagt, gewinnt!
Das weißt du längst
Jetzt handle!
Was sitzt du im heißen Auto?
Raus – an die frische Luft mit euch!
Lasst euch genussvoll leben
Der Dachstein – die Sonne gehört euch!
Spielt, bis ihr atemlos seid vor Glück
Müde werft euch in meinen Arm
Ich fang euch auf
Sorglos schlaft ein bei mir
Ich halte euch –
Meine über alles geliebten Kinder!
Vertraut und lebt!
Haltet euch nicht zurück

Das schwächt euch, macht kraftlos
Lebt und genießt!

Ja, dein Haus ist eine gute Sache
Da bist du daheim bei dir
Das erste Mal kommst du nach Hause
Genieß das Daheimsein bei dir
Du kannst so gut All – ein – sein
Mach dich abhängig von nichts
Niemand soll dich je verletzen!
Du hörst mir so gut zu
Siehst das Glitzern der Tautropfen
Setz dich ins nasse Gras
Du berührst
Komm, lass dich berühren von mir
Der Wind streicht über die Gräser
Der Bergwind, der raue
Die stärksten Gräser sind hier
Kraftvolle, kleine Wesen
Erprobt gegen Kälte und Sturm!
So sei auch du!
Achte nicht auf die Masse –
Die Masse folgt dir nach
Du tu die ersten Schritte

Spürst du denn nicht die andern?
Deine Gefolgschaft ist groß
Lass dich durch nichts beirren
Mutig schreite voran!
Anmutig tänzle den Pfad!
Du wandelst auf bekannten Pfaden
Nichts ist dir fremd
Du kennst sie alle
Drum führe die Menschen
Nimm deine Führerschaft an!
Die Menschen brauchen eine Richtung

Du weißt die Richtung, den Weg
Du bist schon alles durchgangen
Was ist dir noch fremd?
Du brauchst nicht mehr zu leiden
Komm – sag das den Menschen!
Sie haben immer die Wahl
Ihr habt immer die Wahl
Wisset und wählt!

Du wühlst auf durch dein Sein!

Und geh immer dein Tempo
Dein Tempo ist stimmig für dich
Es mag für andre zu schnell sein
Achte dein Tempo
Den schnellen, festen Schritt!
Achte das Tempo der andern
Aber halte dich nicht zurück!
Auch beim Schreiben geh weiter
In der Bewegung empfängst du gut
Bleib in Bewegung
Löse die Starre auf
Alles Festgefahrene, Alte
Durchtrenne die Fesseln
Und geh!
Es gibt keine Ruhe
Ruhe ist Illusion!
Alles ist in Bewegung
Ruhe in der Bewegung
Gib dich hin, lass dich fallen
Halt niemals etwas auf
Du gibst deine Kraft umsonst!
Also bleib in Bewegung!

Sieh die Elfen tanzen
Die Blütengeister, die kleinen
Sie machen einen Kreis um dich
Schau, sie tanzen für dich!
Sie freuen sich, dass du sie siehst
Sie haben so herrliche Botschaften
Komm, hör ihnen ein bisschen zu!
Sie sind so lustig, humorvoll
Das Lachen, das tut dir gut!
Da sind auch Gnome und Zwerge
Erdgeister, kräftig und stark
Du siehst sie schon immer
Gibst ihnen Gestalt
Weißt du, dass sie dich lieben?
Sie freuen sich über dich
Es gibt so wenige wie du
Dein Sehen verbindet die Welten
Sei ganz im Einklang – du!

Sieh mich im Frieden in deinem Haus
Sieh mich im Frieden in dir
Endlich bist du Zuhaus!
Sieh deine Töchter, deine Enkelin
Sieh die Katzen, die schnurren
Sieh die Menschen – fortgehen zufrieden
Erfüllt vom Frieden in dir
Du gibst ihnen ihr Zuhaus!
Hör mich im Prasseln des Feuers
Du ehrst die Feuergeister
Du bist die Tochter des Feuers
Die Feuertochter bist du
Ehre das Feuer in dir
Entfache das Feuer in andren
Feurige Wesen seid ihr
Ihr fürchtet nicht das Feuer!
Ihr tragt es tief in euch

Achte das Feuer des Lebens!
Achte das Feuer in dir!

Spüre die Flammen züngeln
Hoch lodert die Flamme in dir
Entflamme die Liebe in allem
Entflamme die Liebe zu allem in dir
Entflamme dein eigenes Wesen
Schüre das Feuer
Schon ist es entzündet
Zu stark schon die Glut
Niemand und nichts kann es mehr löschenm
Brenne in heißer Liebe zu mir!
Brenne in heißer Liebe zu dir!
Brenne in heißer Liebe zu andern!
Brenne und heb dich empor
Hoch auf steigt die Flamme!
Strahlend und hell lass sie leuchten
Nichts hemmt mehr ihren Schein
Sieh die Flamme in allem
Sieh die Lichtflamme in dir!

A: *Allerheiligen*
Das keltische Samhain
Eine Reise nach Lourdes
Weit mehr als eine Reise nach Lourdes
Jedes Wegstück voll Bedeutung
Bange Fragen im Herzen
Mutige Antworten der Göttin –

Ich fahre und sammle die Wasser
Ich segne die Orte am Weg

G: Grenzenlos leb dein Sein
Grenzenlos sei deine Liebe
Nichts schneide ab
Alle Teile von dir sollst du sein
Sie alle bin ich
Lass sie – begrenzen tun andre
Die Grenzen – sie sind nicht für dich
Du überschreite die Grenzen
Die Welten füge zusammen
Die Fuge bist du
Die Fuge – nicht Flucht!
Wohin willst du denn fliehen?
Geh durch durch Verwirrung und Chaos
Geh durch durch den Schmerz und erlöse
Erlöse dein Sein vom Schmerz
Nicht sei der Kummer
Er krümmt dich
Lang genug warst du krumm
Duck dich nicht, mach dich nicht klein
Selbstbewusst sollst du dastehen
Sei dir deiner Macht bewusst

Samhain ist's – das keltische Fest
Achte und ehre die Geister
Sieh und achte ihr Reich
Leicht geht die Reise
Warm spürst du die Macht der Steine
Lass sie arbeiten in deiner Hand
Fahr zu, fahr zu, fahr zu!

Achte die Grenzen
Achte die Grenzen der anderen
Achte auf deine Grenzen
Doch wisse – Grenzen sind Illusion
Es gibt keine Grenzen
Es gibt keine Grenzen für dich

Grenzenlos sei dein Sein
Grenzenlos bin ich geboren
Nun kastrier mich doch nicht schon wieder
Schneid ja nichts von mir weg
Achte auf das, was du siehst – und wisse!

Reise und verbinde die Welten
Reise und verbinde
Kreuz und quer – oben und unten – links und rechts

Ein richtiges Netz sollst du weben
Deine Spuren ergeben ein Netz
Lichtspuren im Dunklen
So kann ich wieder sein!
Vergnügt web dein Netz
Web es für mich und die Frauen
Web es für die Frauen der Welt
Web es für die Frau in den Männern
Fahre und web!

Sieh den freien Himmel
Frei und weit
Frei und weit wie der Himmel
So sollt ihr sein
Nicht abhängig von Grenzen und Zwängen
Selbst gebaut seit Äonen
Vergesst diesen alten Kram
Heute ist euer Tag
Jetzt eure Stunde
Frei ent – scheidet und wählt!

Wählt ihr die Enge?
Bitte – drückend ist euer Joch
Angstvoll und klein euer Sein
Erstickend das Elend, die Not
Gebrochen und gebeugt

Nein! Hört auf!
Ich halt das nicht mehr aus
Ich kann das schon nicht mehr sehen
Glaubt ihr, mir so zu dienen?
Blickt auf und erhebt euch
Meine wundervollen Wesen steht auf
Zur vollen Größe erhebt euch!

Und erzieht eure Kinder
Erzählt ihnen Geschichten von mir
Die guten, starken Geschichten
Dort bin ich lebendig für sie!
Erzählen macht mich lebendig in ihnen
Erzählt euch wieder Geschichten
Kommt, ich erzähl euch eine Geschichte:
Da war einst ein Mädchen
Bernadette war ihr Name
Sie konnte mich sehen
Sie nahm mich wahr
Sie konnte mich hören
Ich habe zu ihr gesprochen
Jetzt kommst du und trägst mich in dir
Du hörst meine Stimme in dir
Du verleihst meiner Stimme Ausdruck!
Bernadette zeigte ich ein Wasser
Dir zeig ich ein anderes Wasser
Du nimm das Wasser und geh
Nicht geh hinein in die Kirchen
Bleib heraußen – frei
Stell dich hin und heile die Erde
Stell dich einfach hin und tu
Ich wirke in dir durch dich!

Rote Weinblätter im Wind
Uralt gemauerte Städtchen

Gell, das gefällt dir
Die Landschaft erhebt dein Herz
Schwarze Zypressen, gelbe Pappeln
In der Ferne das blaue Meer – – –
Hab keine Angst vor der Tiefe!

Hab keine Angst vor tiefen Gefühlen
Lebt eure Gefühle!
Zeigt einander eure Liebe
Eure Zärtlichkeit und Erotik
Warum spart ihr sie für die Männerwelt auf?
Umarmt euch
Gebt einander die Wärme
Die zarte Geborgenheit
Scheut nicht eure Gefühle!
Vergebt einander Kälte und Lieblosigkeit
Das Nebeneinander statt Miteinander
Vergebt euch und haltet einander
Ich liebe euch!
Gebt euren Gefühlen Ausdruck
Sie sind gott – göttinnengewollt
Sperrt sie nicht weg
Spart sie nicht auf
Auf was wollt ihr noch warten?
Lebt sie – Jetzt!
Berührt euch und lasst euch berühren
In der Berührung liegt Heilung
Berühre liebevoll und zärtlich
Heile durch Streicheln!

Sieh die Vögel des Himmels
Höre ihre Botschaft
Achte auf ihren Flügelschlag
Mit jedem Flügelschlag bringen sie
Gott – Göttinnengeist auf die Erden
Dank ihnen für diesen Dienst

Dank ihnen für diese Botschaft
Und mach es wie sie
Frei segle dahin
Getragen vom Geist der Göttin
Getragen vom Geist der Liebe
Fange auf – und gib

Und danke der Flüssin!
Sie nimmt so vieles mit
Die wahre Heilkraft liegt im Fluss!
Bring ihr meinen Dank
Durch dich fließt mein Dank zu ihr!
Quelle – Strom – Mündung
Die Flüssin erlischt
Wird eins mit der Meerin
Achte auf die Nahtstellen
Beachte den Übergang

A: *2001 – das neue Jahrtausend –*
Der Neue Himmel und die Neue Erde?
Schaffe sie zuerst in dir!
Harte Vorarbeiten sind nötig
Alles Alte kommt auf den Prüfstein
Nichts bleibt verborgen
Alles drängt ans Licht
Alte Glaubenssätze, Gedankenmuster
Geben sich mit aller Härte zu erkennen
Sie zwingen mich zu Umsturz, Umbruch
Leid und Krankheit – selbstgeschaffen
Durch Äonen – kommt hoch, drückt nieder
Kein Stein bleibt am andern
Zweifel, Traurigkeit, Wut, Schmerz
Einsamkeit zerren mit aller Macht ans Licht
Erspart wird nichts
Erbarmungslos führt die Göttin –
Macht das Herz frei für die Liebe

G: Sieh mich in der Liebe deiner Freundin
Sieh mich in meiner Liebe zu dir
Du brauchst keine Zeichen
Sieh die Liebe
Komm, lass sie fließen!
Sieh, was passiert
Gefahrlos erreichst du den Abgrund
Blicke mutig hinein
Erkenne die Schatten, die deinen
Liebevoll heb sie heraus
Jeder war wichtig
Hat seinen Dienst getan
Bedanke dich bei deinen Schatten
Sie machen dich ganz
Achte deine Erfahrungen
Ganz hast du sie erlebt
Vergib dir, was du siehst
Vergib dir deine Taten
Nimm dich an und vergib

Sieh mich im Lichtstreif am Horizont
Sieh mich die Nebel durchbrechend
Schon scheint mein Licht durch die Spalten
Die dunklen Schatten, sie weichen
Mein Licht ist stärker als sie
Rosa, zart und sanft ist mein Licht
Grau, dunkel und uferlos die Nebel
Durchbrich die Nebel, reiße sie auf
Verbinde die Welten durch Licht
Verbinde dein Licht mit meinem
Gemeinsam sind wir stark
Rotglühend die Sonnenscheiben
Blaugrau die Dämmernebel
Das Licht reißt Ritzen
Und strahlt
Die dunklen Schatten, sie weichen

Sanft kommt das neue Licht
Der Lichtstreif ist für dich
Zwischen den Welten sieh mein Licht
Zwischen den Welten
Und doch davor und dahinter
Zwischen den Welten
Mein Versprechen an dich

Verbinde die Seiten
Da und Drüben
Verbinde sie durch dein Sein

Sieh mich in deiner Krankheit
Sieh ein, dass du krank bist
Komm, hab noch Geduld
Die Heilung, sie ist so nah
Gesund, heil und ganz sollst du sein
Jetzt bist du krank und schwach
Nimm an die anderen Perspektiven
Schau an deinen Blick – er wird weit
Nimm an deine Weite und Größe
Jeden Blickwinkel musst du erkennen
Jeder Blickwinkel musst du sein
Achte auf die Größe im Kleinen
Im Unscheinbaren liegt die Wahrheit
Veracht nicht den Staub
Zieh deine Spuren im Staub
In jedem Staubkorn sieh mich
Wein nicht über deine Schwäche
Nimm sie an und vergib
Im Schwachen liegt die Stärke

Alles ist ganz
Kontrolliere die Schwachstellen
Dort liegt deine größte Stärke
Verborgen die Kraft im Schwachen
Find sie heraus
Dort liegt dein größter Mut
Mutig erforsche die Schwachstellen
Und wandle sie um in Kraft
Erkenne darin deine Power
Erlöse das Schwache
Indem du die Stärke drin siehst

Folge den Staubspuren
In jedem Staubkorn liegt Größe
Sieh die Größe im Kleinen
Du bist ein Staubkorn
Sieh deine Größe
Sieh die Kleinheit im Großen
Sieh deine Kleinheit im Ganzen
Größe vor dem Staubkorn
Kleinheit vor Gott
Und doch darf nichts fehlen
Jedes Staubkorn ist wichtig

Hör auf zu werten!
Urteile nie!
Deine Kraft liegt in beidem
Verbinde deine Kleinheit mit Größe
Du siehst beide Welten!
Dein Sein ist die Mitte, gibt Kraft
Ausgewogen musst du sein
Ganz in deiner Mitte
Wie dorthin kommen?
Vergib!
Geduldig erwarte dein Sein
Gemäß deinem Auftrag

Erlöse dein ungeduldiges Ego
Nimm die Langsamkeit an
Und vergib!
In der Langsamkeit liegt Heilung
Langsam kommt Heilung
In der Langsamkeit find die Mitte
Dann bist du schnell
Versteh die Weisheit!

Sei nicht traurig
Wisch ab deine Tränen
Lass sie ziehen
Nie mehr bist du allein
Erheb deinen Blick
Schau aufwärts
Mein Gesicht siehst du leuchten
Michaels Strahl – er verbindet
Lass dich heilen, berühren
Alles hast du gegeben
Nun zieh dich zurück in dir
Nichts soll dir fehlen
Sammle die Teile
Ergreife die Heimat
Zuhause bist du!

Sieh mich im dunklen Tor
Mutig durchschreite das Finster
Lass dich fallen in mir
Schreite hinein voll Vertrauen
Vertrauensvoll schreite hindurch

Nichts darfst du sein wollen
Alles Sein wasch ab
Alles musst du sein
Alles musst du lassen
Verstehe den ewigen Kreislauf

Spüre die Wahrheit
Stirb und werde
Werde und vergehe
Nur so kannst du wahrhaftig sein
Zitternd und nackt stehst du da
Nichts ist dir geblieben –
Deine Freundin – sie geht
Sogar dein Kater verschwindet
Lasst ab voneinander
Findet euch neu
Lernt gemeinsam das Kunststück
Vergängliche Liebe lasst sein
Ewig sollt ihr euch lieben
Grenzenlos sei euer Sein
Geh durch durch das finstere Tor
Drüben wartet die Freiheit!
Das Leben empfange du
Das Leben im Licht deines Herzens!

Lebendig sollst du sein
Drum achte die Räume
Gib deinem Leben Raum
Räume sind Illusion – ja –
Doch du lebst noch in Raum und Zeit
Achte die Gesetze des Raumes
Leben sollst du
Ergreife dein Leben in Wahrheit
Nicht abhängig von bestimmtem Sein
Liebe dein Leben
Lebe in Fülle
Mangel ist Abhängigkeit von Bestimmtem
Lass das Bestimmte
Nimm an die Fülle
Schöpfe aus dem Vollen
Begrenze dich nie
Ich bin in dir

Schütze dich selber
In der Mitte ist Schutz
Unangreifbar bist du
Du in deiner Mitte
Du in meiner Mitte
Vertrau!

Sieh mich in deiner Verzweiflung
Deiner Niedergeschlagenheit und Depression
Sieh mich im dunkelsten Licht
Auch das Dunkle ist Licht
Es ist nur die andere Seite
Desselben alleinigen Lichts
Du bist Licht
Auch wenn du kein Licht siehst
Du leuchtest, verzweifle doch nicht
Nimm dein Licht wahr
Es gibt sonst nichts
Du musst strahlen
Erhelle!
Die dunkelsten, dichtesten Schatten
Löse sie durch dein Licht
Löse, löse, lass los
Die Schatten sind Illusion
Du machst nichts falsch
Du tust!
Lass dich nicht kleinkriegen
Stemm dich dagegen
Noch hast du Kraft!

Trenn dich nicht ab
Ich bin doch bei dir
Sieh mich in deinem Unverständnis
Sieh mich in Verwirrung und Weh
Verlier dich nicht! Bleib!
Gib nicht nach!

Du bist stark!
Kraftvoll trommle mein Lied
Schrei heraus dein Leid
Frei musst du sein
Frei von alten Zwängen
Deine Freundin lass gehen
Sie brauch ich woanders
Du tu dein Ding!
Wein doch nicht so sehr
Viel hat sie dich gelehrt
Nimm das und bedank dich
Aber halte nichts fest
Ihr wart euch so gut
Warum willst du zerstören?
Dein Ego ist verletzt
Doch du bleibst ganz
Heil du die Wunden des Egos

Sei du dein wahres Ich
Sei du dein gerichtetes Selbst
Ich brauch dich leer und offen

Sieh mich in deiner Arbeit
Du find die Wasser des Lebens
Die Wasser sie sind dein
Du musst sie nur suchen
Ich zeig dir den Weg
Du tu die Dinge wirklich
Geordnet in Raum und Zeit
Wer sonst soll es tun?
Tu deine Arbeit – sie wartet
Du nützt mir auf der Erde
In die Erde trage mich – du!
Flattre nicht auf in die Sphären
Ein hilfloser kleiner Vogel
Ohne Richtung und Weg

Bleib auf der Erde und diene
Du diene mir weise
Lasse dich führen und tu
Sei der Dinge gewahr, die geschehen
Reagiere sofort, im Moment!

Vertrau deinem Körper
Er weiß – – –
Er sagt dir genau, was gut ist
Er sagt dir, was du brauchst
Gehorche!
Du wirst wissen, was zu tun ist
Bleib in Kontakt mit mir
Bleib in Kontakt mit der Erde
Der einzigen Mutter, die du hast
Spüre ihre Liebe
Vertrau ihr
Auf sie kannst du bauen
Sie braucht dich!
Tu, was sie sagt
Höre ihr zu und tu!

Schon wieder bist du ver – zweifelt
Voller Zweifel bist du
Wasch doch ab alle Zweifel
Glaubt an eure Liebe
Ich will sie
Glaubt an die Liebe
Die Liebe ist mein

Liebe verbindet, trennen tust du
Die Liebe, mein suchendes Herz
Die Liebe bist du
Dein Trotzdem ist Liebe, dein Bleiben und Sein
Du fürchtest nicht die Schatten
Mutig bist du

Mutig erhelle das Dunkel in dir
Erbarmungslos merze es aus!
Ihr Frauen, die gebt und gebt und gebt
Jetzt nehmt an die Liebe für euch
Ihr denkt nur ans Geben – Nehmt!
Nehmt an die Fülle
Nehmt an die Liebe
Nehmt an euer Leben in Liebe
Nehmt einander in Liebe an
Sieh die Sonne im Frühling
Die Gänseblümchen, die kleinen
Hör auf das Zwitschern der Vögel
Frei sind sie und bleiben
Höre, sie singen für dich
Lass sie dein Herz erheben

Hör mich im Summen der Bienen
Leicht und emsig tun sie
Da ist keine Schwere
Sie singen, summen und tun
Lernt von den Bienen!
Die Süße sammeln sie
Die Süße tragen sie heim
Und wieder sammeln sie Süße
Am warmen, sonnigen Hag
Sie sammeln Süße, bis sie sterben
Nichts andres tun sie –
Damit ehren sie mich
Damit ehren sie das Leben
Es freut sie ihr Tun
Es schmeckt ihnen die Süße
Lustvoll arbeiten sie –

So sollt ihr's auch tun!
Fleißig, emsig, anstrengend
Tun, weil ihr müsst?
Nein!
Das ist nicht Dienst an der Göttin
Damit bindet ihr sie
Frei sollt ihr sie leben, die göttliche Liebe in euch!

***

An dieser Stelle endet das Lied der Göttin.
Die nächsten Strophen haben schon eine andere Schwingung, eine andere Eindringlichkeit. Es ist, als ob die Weisheit der Göttin erst ganz gelernt und aufgenommen sein müsste, in jedem einzelnen von uns, bis die nächsten Lektionen gelehrt werden.
Im Sommer 2002, auf einer Reise nach Avalon im Süden Englands, durfte ich wieder Neues erfahren und Altes Wissen wurde in mir wachgerufen.
Im Frühjahr 2003 folgen weitere Reisen, nach Mexiko, nach Auschwitz, an das Ligurische Meer – – – Das Lied geht weiter!
Ich bin dankbar und voll Freude!

Das Lied der weißen Göttin

Klangschale und Gesang

//: Göttin Göttin Göttin Göttin ://

Das Lied der roten Göttin

Gesang

//: Ich bin das Licht in meinem Herzen
und der Stern in meiner Hand ://
Ich geh meinen Weg
achtsam und behutsam
ich geh meinen Weg
kraftvoll und stark
//: Ich bin die Tochter der Göttin
der Göttin Tochter bin ich ://
Heja Heja! Heja Heja!
Heja Heja! Heja Heja!
Der Göttin Tochter bin ich.

Das Lied der schwarzen Göttin

Trommel und Gesang

Ja ho! Ja ho!
Heja Heja ho! Heja Heja ho!
Heja Heja Heja Heja Heja Heja ho!
Ja ho-o-o! Ja ho-o-o!
Heja Heja ho! Heja Heja ho!
Heja Heja Heja Heja Heja Heja ho!